RELIRE
FOCH
AU XXIe SIÈCLE

Du même auteur

Ouvrages

Les Confins saharo-tripolitains de la Tunisie 1881-1911,
2 tomes, PUF, 1966.

Luis-Arnold et Joseph Allegro, consuls du bey de Tunis à Bône,
PUF, 1967.

La Libye 1835-1990. Essai de géopolitique historique,
Paris, PUF, 1991.

Leclerc, le soldat et le politique, Albin Michel, 1998
(prix des Écrivains combattants et prix Foch de l'Académie française).

Félix et Colette Pijeaud. Deux héros oubliés de la France Libre. Préface du général d'armée Alain de Boissieu, chancelier de l'Ordre de la Libération,
Éd. Privat et Service Historique de la Défense, Toulouse-Paris, 2006.

Introduction

Foch, *Des principes de la guerre,* Imprimerie nationale, 1997.

Direction

Histoire militaire de la France (dir. André Corvisier),
T. IV *De 1940 à nos jours*, PUF, 1994.

Contributions

Les « guerres coloniales », *Histoire mondiale des guerres* (dir. G. Blond),
Plon, 1965.

« Les régions sahariennes », *L'Afrique au XX*e *siècle,* Dalloz, 1966.

Collection *Stratégies & Doctrines*
dirigée par Vincent Desportes
et Jean-François Phelizon

André MARTEL

RELIRE FOCH AU XXIe SIÈCLE

ECONOMICA
49, rue Héricart, 75015 Paris

En hommage
à quatre de mes maîtres
revenus mutilés de la Grande Guerre :
Auguste Briand
Robert Capot-Rey
Émile G. Léonard
Pierre Renouvin

À la mémoire
de mon grand-père maternel Étienne Mazely
fantassin territorial des tranchées
de son épouse Marie
restée seule à la ferme familiale avec quatre enfants
et de mon père Maurice Martel
cavalier puis fantassin du rang

Requiem aeternam dona eis, Domine

AVERTISSEMENT ET REMERCIEMENTS

POUR saisir comment j'ai vu et interprété les événements, peut-être n'est-il pas inutile au lecteur de remonter plus haut, de connaître sommairement le passé de celui qui a écrit. Les manières de voir et de faire d'un homme d'un certain âge proviennent en effet d'une formation qui les explique naturellement quand on la connaît comme aussi de certaines circonstances particulières qui ont marqué dans sa vie au point d'en orienter et d'en fixer constamment la conduite[1].

Ces quelques lignes de Foch, en introduction de ses *Mémoires*, justifient la méthode adoptée pour présenter son œuvre et inviter à la relire, non comme une juxtaposition de publications de circonstances, mais comme un tout cohérent. Ses ouvrages de doctrine, *Des Principes de la guerre* (1903) et *De la Conduite de la guerre* (1904), ses *Mémoires pour servir à l'histoire de la Guerre 1914-1918* (1931), les notes, discours, articles de la décennie qui suit l'armistice portent certes la marque de trois époques. Cependant elles traduisent une seule et même préoccupation : assurer la sécurité de la France, non pas dans l'absolu contre un adversaire abstrait théorique, mais pendant soixante ans, de 1870 à 1929, face à un ennemi bien réel, l'Allemagne.

Comment rendre cette continuité dans la pensée et dans l'action, sinon en remettant l'auteur en situation de penseur et d'acteur, dans son époque et pour ses compatriotes. Encore fallait-il ne pas succomber à la tentation de la biographie exhaustive (pour ne rien dire de l'hagiographie) et s'en tenir, selon le conseil de Foch, à ce qui fut significatif et déterminant à chaque étape de sa vie. Résolution difficile à tenir car elle entraîne parfois (souvent ?) des choix discutables, des analyses subjectives, des raccourcis excessifs ou des rappels inutiles. Au lecteur de compléter et de corriger, car il est supposé connaître la période et ses problèmes.

---

1. Maréchal Foch, *Mémoires pour servir à l'histoire de la Guerre de 1914-1918*, deux tomes, Plon, 1931, T. 1, p. IV et V.
Les paragraphes figurant en italique dans le développement qui suit sont du maréchal Foch.

Il est toutefois permis de lui suggérer d'avoir sous le coude une chronologie et un atlas, pour le guider dans le temps et l'espace et de consulter éventuellement quelques livres de base tels *La Première Guerre mondiale* par Pierre Renouvin et *La Grande Guerre* de Jean-Jacques Becker qui l'actualise dans le respect que notre génération a porté, et porte toujours, à celui qui fut un maître incontesté ; sa dédicace en témoigne d'ailleurs[1]. Ce qui ne l'a pas empêché de conduire des recherches neuves et fécondes consacrées à la peine des hommes et des femmes emportés par le tourbillon destructeur de la Guerre.

À Pierre Renouvin revient, dans un éclairage clausewitzien qui fut celui de Foch, d'avoir élargi l'histoire diplomatique à l'histoire des relations internationales[2] et d'avoir réinséré l'histoire bataille, devenue celle des opérations, dans celle des crises et des guerres. On lui doit d'avoir explicité, dans une acception dynamique, les notions complémentaires d'efforts de guerre, de buts de guerre, de cartes de guerre, de forces morales et de forces matérielles[3]. Une voie dans laquelle il a engagé de nombreux chercheurs. Son soutien, discret et ferme à sa manière, n'a pas manqué au général Gambiez dans son entreprise de relance de la Commission française d'histoire militaire (CFHM) qui avait pour mérite à ses yeux de réunir universitaires et militaires[4]. Ce qu'a confirmé, au décès du général Gambiez, l'élection du général Jean Delmas, son ancien thésard, à la présidence de la CFHM.

Cette invitation à *Relire Foch au XXIe siècle* répond à une proposition du général Vincent Desportes que je remercie pour l'occasion ainsi donnée de prolonger l'Introduction que j'avais consacrée en 1996 à l'ouvrage *Des principes de la guerre* à la demande du professeur Georges Duby ;

---

1. Les deux ouvrages figurent dans la collection Que Sais-je ? des PUF. L'un est ancien (n° 326, 1965, 2e éd. 1967). L'autre, récent (2004), propose une bibliographie renouvelée.
Pour en savoir plus :
UMR 5609 du CNRS – Université Paul Valéry-Montpellier III. *La Grande Guerre 1914-1918, 80 ans d'historiographie et de représentations*, Colloque International 20-21 novembre 1998, sous la direction de Jules Maurin et Jean-Charles Jauffret, Publications Université Paul Valéry, 2000.
Hubert Néant, « Chronique de la Grande Guerre », *Historiens et géographes*, n° 395, 2007, p. 371-379.
2. *Histoire des relations internationales* (sous la dir. de…), Hachette, 8 tomes, 1953-1958. On lui doit : l'Introduction générale dans le tome I ainsi que l'intégralité des tomes 5 à 8, couvrant la période 1815-1945.
Pierre Renouvin et Jean-Baptiste Duroselle, *Introduction à l'histoire des Relations internationales*, Armand Colin, 1964.
3. Pierre Renouvin, *La crise européenne et la Grande Guerre*, PUF, 4e éd., 1962.
4. Témoignage de Pierre Renouvin à l'auteur.

jamais réédité alors et qui l'a été depuis[1]. Présenter l'ensemble de l'œuvre écrite du vainqueur de la Grande Guerre était une tout autre entreprise. Elle n'aurait pu être menée à bien sans le bénéfice de quarante ans d'échanges avec les chercheurs de ma génération, et avec nos élèves, engagés les uns et les autres dans « Le Renouveau de l'Histoire militaire en France » [2] qui a abouti à la publication, sous la direction générale du professeur André Corvisier, des quatre volumes de l'*Histoire militaire de la France*, dirigés par Philippe Contamine, Jean Delmas, Guy Pedroncini (†), André Martel[3]. Parallèlement, le professeur Hervé Coutau-Bégarie qui devait succéder au général Jean Delmas à la présidence de la Commission française d'histoire militaire[4], redonnait aux études de Stratégie leur dimension historique. À tous, et en particulier aux membres du Centre d'Histoire militaire et d'Études de Défense nationale de Montpellier que j'ai créé en 1968, ainsi qu'à l'équipe du master Histoire militaire comparée, géostratégie, Défense et Sécurité de l'Institut d'Études Politiques d'Aix-en-Provence, j'exprime ma reconnaissance[5]. On me permettra d'insister ici sur ce que m'ont apporté d'amicales conversations avec le général Jean Delmas[6] et le professeur Pierre Barral[7].

Je ne saurais oublier ceux qui m'ont plus directement aidé dans la préparation et la publication de cet essai : M. le colonel Guelton chef du département Terre du Service historique de la Défense et ses adjoints, en particulier le lieutenant-colonel Noulens et Monsieur Vaudable ; M. de

1. Coll. Acteurs de l'histoire, Imprimerie nationale 1996. Rééd. Économica, coll. Stratégies et doctrines, 2007, préface du général de corps d'armée Pierre Garrigou-Grandchamp. *De la conduite de la guerre* a été réédité en 2000 par Économica, coll. Bibliothèque stratégique, avant-propos du général de corps d'armée Christian Delange, présentation du colonel François Collot d'Escury.
2. André Martel, ..., *Revue Historique*, n° 497, janvier-mars 1971.
3. PUF, 1992-1996.
4. Actuellement présidée par le professeur J. Avenel.
5. Le CHMDN de Montpellier a été présidé par le général G. Grollier (†), les colonels P. Carles et Cl. Hesse d'Alzon (†). Le lieutenant-colonel J.-Cl. Renaud est actuellement à sa tête.
Le professeur J. Maurin, après m'avoir assisté avec abnégation, m'a succédé à la direction scientifique de l'équipe CNRS de l'Université Paul Valéry-Montpellier III. À Aix-en-Provence, le master est dirigé par le professeur J.-Ch. Jauffret assisté par le docteur A.-P. Comor.
6. Jean Delmas, *Officier et Historien, Études, articles et cours*, Économica, 2001, en particulier : « Deux chefs face à l'événement : Foch et Pétain 1917-1918 », p. 67-72. On doit en particulier au général J. Delmas, l'organisation, la présentation et la diffusion, à l'occasion du soixantième anniversaire de la Commission française d'Histoire militaire, du Colloque international tenu à Paris les 7-8 décembre 1988, « La bataille d'hier à aujourd'hui », *Revue internationale d'Histoire Militaire*, n° 78, Vincennes, 2000. Postface Francis Courtes, Georges Devallet, André Martel. Communication de André Martel, « Foch, la guerre ou la bataille ».
7. Pierre Barral, *Pouvoir civil et commandement militaire, du roi connétable aux leaders du XXe siècle*, Presses de Sciences politiques, 2005. Un livre fondamental. Du même auteur, *Léon Gambetta, Tribun et Stratège de la République (1838-1882)*, Privat, 2008.

Leffe, conservateur en chef de la Bibliothèque de l'École militaire et ses collaborateurs ; MM. les lieutenants-colonels Goya et Porte et le docteur Lasconjarias au CESAT ; M. le professeur Jean Pavlevski et son équipe d'Économica. Mes remerciements s'adressent également à ceux et celles qui m'ont aidé dans les tâches ingrates de la documentation et de la correction, plus particulièrement à Mesdames Françoise Brette, Michelle Laurent et Annick Besnard dont la disponibilité et l'efficacité souriantes sont intactes après trente ans d'amicale collaboration.

RELIRE FOCH AU XXIe SIÈCLE ?

LES arguments ne manquent pas pour répondre « non » à pareille question, que la commémoration de la Victoire de 1918 ne saurait à elle seule justifier. Plus d'un siècle s'est déroulé depuis la publication des *Principes de la guerre* (1903) et de la *Conduite de la guerre* (1904) ; les *Mémoires pour servir à l'histoire de la Guerre 1914-1918* datent de 1931 ; dix ans se sont écoulés entre la fin de la Grande Guerre et ses derniers écrits. En proposer la relecture pour comprendre la Deuxième Guerre mondiale paraîtrait logique. Ne prolongeait-elle pas la Première ? Encore que la confrontation idéologique s'y soit superposée à celle des nations et qu'elle se soit achevée, en Extrême-Orient et non en Europe, par l'emploi de l'arme atomique qui a bouleversé les données de la stratégie.

Après quoi, pendant près d'un demi-siècle, « l'équilibre de la terreur » a condamné la guerre ouverte pour faire place à une Guerre froide opposant non plus les Puissances, comparant numériquement leurs moyens de destruction par le fer et par le feu sur terre, en mer et dans le ciel, mais deux Grands, les États-Unis d'Amérique et l'Union soviétique. Respectivement champion du libéralisme et du communisme, ils ont brandi leur capacité de destruction totale par effet de rayonnement nucléaire, bouleversé le rapport espace-temps en matière d'acquisition, de traitement et de transmission des informations, instrumentalisé une quatrième dimension, l'espace. Une montée parallèle en capacités destructrices qui, par crainte d'apocalypse, a maintenu la paix.

Néanmoins, la surenchère financière impliquée par la Guerre des étoiles (un symbole commode) a entraîné l'effondrement de l'Empire soviétique en 1989-1991. Les arsenaux NBC (nucléaire, biologique, chimique) existent toujours, aux mains d'ailleurs de bien d'autres États, l'Angleterre et la France notamment mais aussi Israël, l'Inde et le Pakistan. La récente destruction par les Chinois puis les Américains de satellites d'observation montre que la confrontation/gesticulation s'est étendue à une dimension planétaire sans davantage monter aux extrêmes.

Sous l'épiphénomène de la Guerre froide, se jouait cependant une partie plus importante encore, car insérée dans la longue durée : la décolonisation ou mieux *La dépossession du monde*[1], dont Bandœung en 1955 avait révélé l'enjeu. Les pays du Sud, portant leurs revendications devant l'Organisation des Nations Unies, remettaient en question la domination mondiale établie depuis le XVIe siècle par les puissances du Nord, mais en renouant avec des rivalités impériales antérieures ou des conflits ethniques mal contenus par les colonisateurs. Des tensions que les deux Grands ont exploitées, tout en les contenant à un niveau de basse intensité, toujours afin de ne pas être entraînés dans une lutte nucléaire frontale.

Ils n'ont pu toutefois empêcher trois sortes de conflits de plus grande intensité qui ont parfois pris des formes de guerre classiques. Les guerres de décolonisation d'abord, entraînant l'effacement des vieilles puissances européennes malgré la supériorité de leur armement classique face à des mouvements nationaux combinant la subversion, la guérilla et le recours à l'opinion internationale. La guerre de Corée ensuite, plus brève mais plus proche des affrontements traditionnels. Enfin, les conflits israélo-arabes caractérisés par des affrontements aéro-blindés qu'ont fait revivre les guerres d'Irak et, à un moindre degré, la lutte contre la Serbie.

De l'échec des offensives traditionnelles des pays arabes, est né le terrorisme palestinien relayé par le défi mondial lancé par les islamistes radicaux d'Al Qaïda aux néo-croisés sionistes d'Occident, bientôt empêtrés en Afghanistan. Bref, *Le choc des civilisations*[2], (un ouvrage condamné au nom du politiquement correct), semble avoir succédé à la guerre des nations selon Clausewitz, dont s'est nourrie la pensée de Foch au tournant des XIXe et XXe siècles. Les nations occidentales y ont répondu, sous l'égide de l'ONU, de manières adaptées aux milieux menacés. D'une part, la prévention des attentats est confiée aux forces de sécurité intérieure, gendarmerie et de police. D'autre part, les interventions extérieures sont attribuées à des formations militaires dont la composition interarmées, les types de matériel utilisés, la professionnalisation veulent répondre, au cas par cas, aux objectifs des Nations Unies : maintien de la paix mondiale et respect des Droits de l'homme. On est loin, très loin apparemment, des deux guerres mondiales, tant par le nombre d'hommes engagés que par la nature des opérations entreprises.

*

Au « pourquoi ? » relire Foch, se superpose le « comment ? » le relire autrement que comme un document d'histoire. Deux arguments justifient

1. Jacques Berque, Seuil, 1964.
2. Samuel H. Huntington, *Le Choc des civilisations*, Odile Jacob, 1997 et 2000, dont le titre complet est *The Clash of Civilisations and the Remaking of World Order*, 1996.

l'exercice. Le premier peut paraître banal : Foch a conduit les armées alliées et associées (il faut insister sur cette double précision, car elle introduit à l'actualité) à la victoire en 1918 et il n'est jamais indifférent de comprendre le cheminement de pensée et d'actions d'un vainqueur. Le second introduit une réflexion épistémologique : parmi les penseurs militaires des XIXe et XXe siècles, il est le seul à avoir théorisé la guerre avant de la faire. Il serait d'ailleurs plus juste de dire « enseigné » la guerre, car ses premiers livres ne sont et ne veulent être que la publication de « Conférences faites à l'École de Guerre ».

Toutefois ses détracteurs ont tenté de le disqualifier par trois arguments : il aurait fondé sa doctrine sur l'étude des guerres passées, napoléoniennes principalement ; accordant la primauté aux forces morales sur les moyens matériels, il aurait été un des principaux responsables des « boucheries » de la Grande Guerre[1] ; la guerre qu'il a faite et gagnée n'a pas été celle qu'il a enseignée. En somme, il conviendrait de dissocier le penseur de l'acteur.

Or, il n'y a pas opposition entre l'enseignement de Foch et la manière dont il a exercé ses commandements, sauf à mal lire d'une part *Des Principes de la guerre* et *De la Conduite de la guerre* et d'une autre ses *Mémoires* ou les divers textes éclairant son action dans la décennie qui a suivi la fin de la Grande Guerre. Trois constantes sous-tendent, implicitement ou explicitement, ces publications : analyser la menace, désigner l'ennemi, préparer la guerre future ; systématiser les principes qui, de tout temps, ont conditionné le succès des armes ; distinguer la conduite de la guerre, affaire de gouvernement, de celle des opérations, affaire de commandement.

Ces principes, affirme-t-il, il ne suffit pas de les connaître, il faut les mettre en œuvre de manière raisonnée par une décision adaptée à la spécificité de la situation. L'œuvre tout entière de Foch, et pas seulement les ouvrages doctrinaux, ne prend son sens qu'en fonction de l'interrogation de Verdy du Vernois : « De quoi s'agit-il ? ». La question conditionne la pertinence d'une décision et la cohérence des ordres qui l'expriment. D'où la nécessité d'une formation intellectuelle et morale, comparable à l'entraînement physique, assurant l'aptitude à raisonner juste et à décider vite.

Tel avait été l'enseignement de Foch, et ses *Mémoires* tendent à montrer, qu'il l'a appliqué en s'adaptant et en l'adaptant aux faits ; ce qui répondait à la méthode préconisée. Car les décisions de Foch en opéra-

1. Le plus virulent est Galtier-Boissière, *Le Crapouillot*.

tions ne démentent pas l'enseignement de Foch à l'École de guerre ; elles en subordonnent l'application à la situation. C'est une forme de refus du dogmatisme.

Le plan de cette présentation, assorti d'un ordre de lecture, résulte de ces quelques considérations. C'est, en effet, par l'avant-propos du tome I de ses *Mémoires pour servir à l'histoire de la Guerre de 1914-1918* qu'il faut commencer à lire Foch pour le comprendre car, plus qu'à une évocation de son passé, il s'y livre à une méditation sur ce qui, dans sa formation, a conditionné sa pensée et son action.

SOMMAIRE

UN ARTILLEUR DE SON TEMPS

FOCH n'est pas un artilleur en son temps mais un artilleur de son temps ; celui de la Revanche ou, mieux, de *La France des patriotes*[1]. Il a été façonné par une mentalité, celle de son milieu ; par une époque, les quarante-quatre ans qui séparent la défaite de 1870 de la Grande Guerre ; par une formation scientifique, celle du raisonnement mathématique acquise à l'École polytechnique ; par l'appartenance à une « arme savante », à la fois prisonnière des traditions et des pratiques de l'armée française, et plus ouverte au « progrès » entendu comme l'application des découvertes scientifiques. Toute une carrière d'artilleur au quotidien sans qu'on puisse aller toutefois jusqu'à l'identifier à « l'artilleur de Metz », le héros de la chanson égrillarde de son arme.

Fils de notable pyrénéen, bonapartiste et catholique

Né à Tarbes en 1851, Ferdinand Foch était le septième enfant d'une famille de huit enfants, dont le dernier-né, Germain, entra dans la Société de Jésus (1854-1929). Ferdinand Foch a donc vécu les vingt premières années de sa vie sous le Second Empire ; il en a connu les victoires avant d'en vivre la défaite[2]. Issu « d'une famille entièrement pyrénéenne » de notables, il resta attaché, sa vie durant, à « La Valentine par Saint-Gaudens (Haute-Garonne) ». Son grand-père maternel, le capitaine Dupré, engagé en 1788, avait été anobli par Napoléon Ier. Sa famille, semble-t-il, se réclamait plus volontiers d'un ordre consulaire et concordataire que de l'Ancien Régime.

Cette appartenance à la mouvance bonapartiste explique sans doute la carrière de son père, Bertrand-Napoléon Foch (1823-1880), devenu nota-

1. Raoul Girardet, *La société militaire dans la France contemporaine, o1871-1939*, Plon, 1952 ; Henry Contamine, *La Revanche 1871-1914*, Berger-Levrault, 1957 et François Caron, *La France des patriotes*, Histoire de France (sous la dir. de Jean Favier), t. 5, Fayard, 1985.
2. Pour les origines, la vie familiale, les relations, la carrière de Foch, les dix dernières années de sa vie, Jean Autin, *Foch ou le triomphe de la volonté*, Perrin, 1987.

ble de fonction : conseiller de préfecture de 1848 à 1851, secrétaire général des Hautes-Pyrénées de 1851 à 1863, « payeur » à Rodez de 1863 à 1866 puis, après un an de disponibilité, « percepteur » à Saint-Étienne, fonction parallèle à celle de Trésorier Payeur Général. Rien n'interdit de le rattacher au courant de l'ordre moral qui, la légende impériale aidant, avait porté Louis-Napoléon au pouvoir et se perpétua par les élites formées dans le cadre de la loi Falloux. Conservateur, catholique pratiquant, sans concession mais sans ostentation[1], il fut sa vie durant « un officier qui va à la messe » et s'en remet à la Providence.

En 1883, Ferdinand Foch épousa Julie Bienvenue, de neuf ans sa cadette, issue d'une famille de Saint-Brieuc, dont la dot s'élevait à 380 000 francs et les espérances à 50 000 francs ; des francs or, qui en firent un officier aisé. Il en eut quatre enfants : deux filles, Marie et Anne, futures épouses d'officiers et deux fils, dont l'un Eugène mourut en bas âge et l'autre, Germain, tomba au champ d'honneur en 1914, à vingt-trois ans[2]. Le Pyrénéen, sans renoncer chaque année à l'automne à un séjour rituel à La Valentine, devint Breton par l'acquisition du manoir de Trofeunteniou dans le Finistère, lieu chrétien d'ancrage familial selon la littérature bien pensante.

Sciences et humanités

C'est en fonction des affectations successives de son père que Foch fit ses études : au lycée impérial de Tarbes, puis à celui de Rodez, au petit séminaire de Polignan dans la Haute-Garonne, au collège des Jésuites Saint Michel à Saint-Étienne, où il eut pour condisciple Fayolle. À Rodez, décelant ses aptitudes scientifiques, un de ses professeurs avait conseillé de l'orienter vers l'École polytechnique.

Toutefois, pour les Bons Pères, on ne pouvait exposer les futurs cadres de la nation aux idées modernes, avec un seul bagage scientifique. Il fallait les doter d'une armature spirituelle et philosophique. D'où, une double formation que Foch considérait comme complémentaire sous les termes « de culture générale à côté du savoir professionnel ». Il n'avait nul besoin de ce corsetage pour rester imperméable aux courants de pensée matérialiste comme au laïcisme anticlérical de son temps ; à la Franc-Maçonnerie pour tout dire.

1. Weygand, *Foch*, *op. cit.*, p. 18, dément la légende de la consécration des drapeaux de ses armées au Sacré-Cœur.
2. Capitaine Paul Bécourt, mort pour la France le 22 août 1914 ; capitaine Alex Fournier, gazé, mort en 1929. Germain Foch, aspirant, mort pour la France le 22 août 1914.

Bachelier ès-lettres en 1869, c'est au collège Saint Clément à Metz qu'il prépara le baccalauréat ès-sciences et l'École polytechnique. L'établissement, tenu lui aussi par les pères de la Société de Jésus, se prévalait de très nombreux reçus aux grandes écoles : Polytechnique, Saint-Cyr, Eaux et Forêts... Foch, dans ses *Mémoires,* souligne le patriotisme et le dévouement de « maîtres de grand savoir ».

Polytechnicien et futur artilleur

À Metz, il passe en quelques jours de la confiance dans la « magnifique armée » se concentrant en Lorraine, au doute suscité par les échecs des 4, 5 et 6 août, alors que se déroulent les épreuves écrites du concours. Après avoir assisté à l'exode des populations menacées, les candidats, renvoyés dans leur famille, découvrent la confusion ferroviaire qui ralentit l'acheminement des renforts. C'est pour eux le constat de l'effondrement d'un pouvoir qui avait endormi le pays dans une paix de prospérité, de bien-être et de luxe : « une sérieuse leçon pour de jeunes esprits ».

Comme bon nombre de ses camarades, Foch s'engage et rejoint un régiment d'infanterie en formation à Montpellier ; mais il n'a l'occasion de combattre ni l'envahisseur, ni la Commune, ni les Kabyles insurgés. Du gouvernement de la Défense nationale, pas un mot dans ses *Mémoires* ; ce qui surprend chez un tenant des forces morales. Libéré en mars 1871, il retourne à Metz pour y préparer avec succès les épreuves écrites puis orales du concours.

Le 23 octobre 1871, son nom figure sur la liste d'admission à l'École polytechnique, l'X (un sigle qu'il n'a jamais utilisé), où il entre 78e sur 140 admis. Les conditions du traité de Francfort, l'humiliation quotidienne des Messins, le font renoncer aux carrières civiles jusque-là envisagées. Ayant choisi de servir dans l'artillerie, et rangé à ce titre dans « les petits chapeaux », il subit à l'École le *Règlement* de novembre 1871 arrêtant « les dispositions de détail pour l'exécution du service intérieur de l'École polytechnique »[1]. Un dressage que compense la découverte de Paris. Quinze mois plus tard, classé 47e sur 150 sortants, il rejoint l'École d'application de l'artillerie et du génie. Il en sort 3e sur 51. Même classement au terme du stage à l'École d'application de la cavalerie à Saumur, destiné à former des officiers aptes à l'encadrement de l'artillerie de campagne, hippomobile en ce temps. D'évidence, son choix de l'armée répond à sa

1. 12 chapitres, 44 pages manuscrites. Courtoisie de Mademoiselle Billioux, conservateur des archives de l'École que je remercie.

nature autant qu'à son ardeur patriotique : « Pour la patrie, les sciences et la gloire », selon la devise donnée à l'École par Bonaparte lorsqu'il l'avait militarisée en 1803.

L'artillerie de la IIIe République : arme de mêlée et arme savante

Les polytechniciens servent alors, sauf exceptions, dans l'artillerie et dans le génie, deux armes où les officiers sortis du rang sont rares et confinés dans les grades subalternes. En revanche, les saint-cyriens encadrent l'infanterie et la cavalerie. « Si tu es intelligent va dans la cavalerie tu seras le seul » ; « Si tu es modeste, va dans l'artillerie tu seras le seul ». Des clichés ? Bien évidemment… Les artilleurs (les sapeurs aussi) se prévalent de leur appartenance à une arme savante, tout en se réclamant d'une arme de mêlée décisive sur le champ de bataille. Napoléon n'était-il pas artilleur ?

Comme toutes les autres armes, l'artillerie entend tirer les leçons de la défaite[1]. On étudie intensément dans l'armée de la IIIe République, autant que dans l'armée royale après les défaites de la Guerre de Sept ans. En témoignent les études du Comité de l'artillerie dont les travaux sont diffusés par la *Revue de l'artillerie* créée en 1872. Au départ, s'impose un quadruple constat, quantitatif, qualitatif, technique, tactique. En 1870, l'artillerie française était inférieure de moitié en nombre de canons à l'artillerie allemande ; sa portée était moindre, de 500 mètres environ ; ses fusées d'amorçage étaient moins fiables ; elle avait été mal employée. Il en découle la nécessité d'accroître les effectifs et les matériels, de renforcer les capacités des bouches à feu, de formuler une nouvelle doctrine d'emploi, d'adopter un autre type de formation. De 24 régiments, on passe rapidement à 38. Il en existe 62 en 1914, auxquels s'ajoutent 5 régiments d'artillerie lourde, des unités de montagne et des formations coloniales.

Un Service de l'artillerie est chargé d'assurer la conception, l'expérimentation, l'adoption, le contrôle de la production des matériels de l'armée de Terre, en étroite liaison avec la métallurgie pour la fabrication des canons et l'industrie chimique pour les poudres. Existe-t-il un *lobby* militaro-industriel ? La présence des polytechniciens dans les armes savantes et dans les grandes entreprises appartenant aux « maîtres de forges », sans oublier les compagnies ferroviaires, incite à imaginer un

1. Michel de Lombarès (et les généraux Renaud, Cazelles, Boussarie et Couloumme Labarthe), *Histoire de l'artillerie française*, Lavauzelle, 1984. Un ouvrage dû à cinq artilleurs polytechniciens.

réseau dont ils auraient constitué le maillage. C'est ainsi que le Service de l'artillerie modifie le Chassepot modèle 1866 pour en faire le fusil Gras en 1873 et le remplacer par le Lebel en 1886. En trois cents jours ouvrables, les fabriques en livrent 900 000. Les « canons à balles » deviennent des mitrailleuses dont la consommation de munitions semble rendre la multiplication irréaliste.

Foch n'a pas vocation à devenir un ingénieur de recherche et d'application. Son choix se porte sur l'artillerie de campagne qui, en 1875, reçoit des canons De Reffye en bronze, encore désignés à l'ancienne : pièces de 5 (75 mm) ou de 7 (85 mm). Avec le Lahitolle, elle adopte une nouvelle terminologie : canon de 95 (95 mm), construit en acier. Un canon de siège et de place accompagnait la pièce de campagne. En 1877, le système Debange, de calibre 80, s'impose pour vingt ans. On estime ses pièces en acier trempé, d'une portée de 7 500 mètres, en mesure de surclasser les canons allemands de 78 et 88. Suivirent un 80 de montagne, deux canons de 155 (un court et un long), un mortier de 220. La découverte en 1886 d'un nouvel explosif, la mélinite, permet l'adoption d'un obus torpille dont les effets remettent en cause les fortifications anciennes ou récentes, et plus particulièrement le système Séré de Rivières [1].

Autant de modèles que Foch met en pratique avant que le capitaine Sainte-Claire Deville, à la fin des années quatre-vingt-dix, mette au point un canon à tir rapide, le 75, expérimenté en 1897. On attend de ses vingt coups/minute une supériorité absolue sur le champ de bataille. Six ans plus tard, tous les régiments d'artillerie l'ont reçu en dotation. Certains en oublient de raisonner : « Le 75 c'est Dieu le père, Dieu le fils et Dieu le Saint Esprit ». Témoins de ses effets en Chine, les Allemands perfectionnent leur 77 et prennent une avance certaine dans le domaine de l'artillerie lourde. Il faut attendre 1906 pour que le 155 Rimailho soit adopté ; en quantité insuffisante, car il coûte cher et oblige à repenser une tactique liée à l'emploi du 75.

L'artillerie de campagne, jusqu'à la Grande Guerre, voire la Deuxième Guerre mondiale, est une arme hippomobile ; au niveau tactique du moins car, dans la phase de mobilisation-concentration ou lors des mouvements des grandes unités de réserve, ses déplacements ont lieu par transports ferroviaires. La mise en place des canons et des caissons, la manœuvre des feux, dépendent de la robustesse et du dressage des chevaux d'attelage et de l'habileté de leurs conducteurs. Les officiers et les

1. Henri Ortholan, *Le général Séré de Rivières, Le Vauban de la Revanche*, Bernard Giovanangeli, 2003.

sous-officiers sont montés. Reconnaître les positions de tir, choisir les postes d'observation, sélectionner les itinéraires, ordonner les mises en batterie, changer d'emplacement, exigent de se déplacer aux allures vives en tous terrains et par tous les temps[1]. Très bon cavalier et instructeur exigeant, Foch y excelle.

Lorsqu'en octobre 1874 Foch rejoint Tarbes, les troupes allemandes achèvent d'évacuer la France. À la tête de l'État, Thiers a été remplacé par le maréchal de Mac-Mahon, duc de Magenta. Un beau soldat qui rassure la France conservatrice. Avant même d'avoir décidé du régime dont se doterait le pays, les représentants du peuple ont voté trois lois jetant les bases du redressement militaire. Le 27 juillet 1872, l'obligation personnelle et universelle exprime la volonté d'aligner autant d'hommes que le nouvel Empire allemand. Des aménagements nuancent cependant l'astreinte au profit des notables ; des inégalités corrigées par les lois de 1889 et 1905. La loi du 24 juillet 1873, complétée par la loi du 13 mars 1875 sur les cadres et les effectifs, porte sur l'organisation militaire. Elle fixe les structures dans lesquelles Foch vit au quotidien et pense la « guerre future ».

Le législateur a réparti les contingents issus de la conscription, et d'une éventuelle mobilisation, en dix-huit corps d'armée implantés sur le territoire métropolitain divisé en régions militaires. Dans l'hypothèse d'un conflit, qui ne peut qu'opposer la France à l'Allemagne, ces corps rejoindraient par transport ferroviaire leurs emplacements opérationnels déterminés par le plan de concentration établi par le haut-commandement. Un 19e corps, en Algérie, complète ce dispositif, coiffé depuis 1874 par un état-major général qui comprend six bureaux dont le plus prestigieux est le 3e, celui des Plans et Opérations que visent les brevetés d'état-major issus de l'École supérieure de guerre (ESG) créée en 1876.

De garnison en garnison

Après avoir servi à Tarbes, au 24e régiment d'artillerie, Foch est affecté au 10e à Rennes où, promu capitaine en 1878, il commande une batterie, puis au 35e à Vannes, au 25e à Châlons-sur-Marne, au 22e à Versailles, au 9e à Castres[2]. Un périple d'initiation, comparable au tour de France d'un Compagnon du Devoir, qui lui vaut de parcourir la France

1. En 1914, polytechnicien et artilleur, Nivelle, encore colonel, arrête une colonne ennemie par le feu d'une batterie mise en position aux allures vives.
2. Ferdinand Foch, Service historique de la Défense, Département Terre, dossier 9 Yd 528.

profonde et de diversifier ses relations civiles et militaires car la plupart de ces villes accueillent d'autres régiments. De janvier 1880 à juin 1882, il passe deux ans à Paris au Service du personnel du dépôt central de l'artillerie. C'est une occasion de compléter la connaissance de son arme par le jeu des affectations, des promotions, des notations.

Très tôt, ses instructeurs l'avaient noté « officier d'avenir », « à pousser ». À Tarbes il a été jugé : « Hors ligne, dirige le peloton d'une manière remarquable : le feu sacré ». Au cours technique de l'artillerie à Bourges, il mérite l'appréciation : « Excellent ». En 1903, tandis qu'il commande le 35e d'artillerie après avoir professé à l'École supérieure de guerre, l'opinion de ses supérieurs n'a pas changé : « Officier supérieur hors ligne ... s'est imposé comme un maître dans la conduite de la troupe et l'emploi de l'artillerie au combat, par ses critiques magistrales et remarquablement claires ». Critiques et incitations à l'autocritique : « Indiquez vous-même les erreurs que vous avez commises » . Foch aime enseigner autant que commander.

L'exercice du commandement est certainement la plus grande jouissance de la vie militaire, mais surtout dans le grade de capitaine par l'influence qu'on exerce de toute façon sur l'homme de troupe intelligent, dévoué, actif qu'est le soldat français, et dans le grade de colonel, chef de corps, par celle qu'on exerce sur un corps d'officiers plein des plus nobles sentiments, d'un grand savoir et d'un dévouement à toute épreuve, et par ce corps d'officiers, sur tout un régiment qui est bientôt à l'image de son chef[1] .

De taille moyenne, 1,65 m, la mâchoire carrée, la moustache fournie et la parole brève, ce grand fumeur, marcheur, chasseur et cavalier, rayonne d'énergie. Sa carrière durant, il porte la tenue fixée par le règlement de 1872 : « képi, dolman et culottes noirs, collet écarlate à tresse noire ; parements, bandes et passepoils écarlates ; chiffres, galons et boutons dorés ; brandebourg et pattes d'épaule noirs ; gants blancs ; bottes et banderole de giberne en cuir noir, attributs dorés ; sabre à garde dorée, dragonne noire à gland d'or ».

On n'imagine plus de nos jours ce qu'était une ville de garnison vivant au rythme des sonneries réglementaires. Les artilleurs, en noir, portaient le sabre et le manteau comme les cavaliers paradant en tenues chatoyantes. Les uns et les autres se distinguaient des fantassins dotés de la baïonnette et de la capote. Les officiers portaient leur dolman comme les prêtres leur soutane, avec la même certitude sacerdotale. Très rares, en dehors des permissions, étaient les occasions où ils étaient autorisés à porter la

1. *Mémoires*, T. I, p. XXIII.

« tenue bourgeoise ». Les visites protocolaires ou les réceptions mondaines se faisaient en sabre et gants blancs. Les épouses, subtilement hiérarchisées selon le grade de leur mari, leurs origines et leur fortune personnelle, avaient « leur jour ». Seuls, les colonels et généraux, s'ils étaient « nés », faisaient précéder leur grade de leur titre de noblesse sur leurs cartes de visite. La mention « breveté », lorsque c'était le cas, figurait toujours.

La carrière de Foch ne fut pas cependant celle d'un galonné de salon ou d'un penseur militaire coupé de la société civile. Ses diverses affectations et ses séjours à Paris lui valurent de nombreuses relations. Ingénieur en chef des Ponts et Chaussées à Saint-Étienne, le père de son camarade polytechnicien Paul Graeff s'était lié avec son propre père. Devenu inspecteur général et ministre, il l'introduisit dans la haute société alsacienne de Paris ayant opté pour la France. Son oncle Dupré, professeur à la faculté de Médecine de Montpellier, le présenta à son beau-frère Michel Alicot ancien président de l'Assemblée de Bordeaux, député des Hautes-Pyrénées. Ce républicain modéré l'initia à la vie politique et aux jeux du pouvoir. Le commandant Doré connu à Rennes lui ouvrit les portes de l'atelier de son frère Gustave Doré où il rencontra Rossini et Saint-Saëns.

« Les militaires ne font rien mais le font tôt le matin. » Les chefs de corps dans leur promenade matinale à cheval se faisaient accompagner par un jeune officier, non pour l'escorter, mais pour le connaître et se faire connaître de tous. À Vannes, commandant le 35e, Foch impose ce rite probatoire. Autant que l'aisance de son accompagnateur il en juge le savoir et la capacité de raisonnement. Quelques années plus tard à Paris, les futurs brevetés redoutaient et brocardaient la liturgie de la promenade à cheval. Pendant la guerre, sans renoncer au cheval, il s'imposa une marche quotidienne, généralement en compagnie de son chef d'état-major, Weygand, qui engrangea ses confidences.

*

Foch ne fut pas de ceux qu'attirèrent l'aventure coloniale. Très rares, il est vrai, étaient alors les polytechniciens qui servaient outre-mer. Aucune allusion dans les pages de ses *Mémoires*, aucune mention dans ses deux ouvrages doctrinaux, à la conquête d'Hanoï par Garnier (1873), à l'entrée du polytechnicien Joffre à Tombouctou (1894), à l'établissement du protectorat sur le Maroc par Lyautey (1912), qui jalonnent sa carrière. Une seule appréciation, condescendante, figure en 1904 dans l'introduction aux *Principes de la guerre* :

À peine, de temps à autres, expéditionne-t-on contre les populations noires de l'Afrique ou les races jaunes de l'Asie… on a plus à lutter contre les maladies, le climat, les difficultés d'approvisionnement que contre un ennemi organisé. La vie de la nation n'est en rien modifiée par ces entreprises lointaines.

Gallieni, Lyautey, Joffre, Franchet d'Esperey, Mangin et quelques autres n'ont sans doute pas apprécié.

Ces lignes traduisent la persistance du discrédit pesant au lendemain de la défaite de 1870, sur la paresse d'esprit due à la facilité des conquêtes coloniales comparées à la seule vraie guerre : la « grande guerre » par opposition à la « petite guerre ». Foch, qui condamnait tout ce qui détournait les forces vives de la nation de la Ligne bleue des Vosges, était particulièrement sensible à ce décalage. Pour lui, l'expérience acquise dans ce type de guerre n'apportait rien à la préparation de la guerre future, celle qui opposerait deux nations industrialisées. Ce qui était faire peu de cas des succès d'un Chanzy ou d'un Faidherbe.

L'ÉCOLE SUPÉRIEURE DE GUERRE

À PARTIR de 1885, et plus tôt si l'on prend en considération les années de préparation, la carrière de Foch s'ordonne en fonction de ses passages à l'École supérieure de guerre, comme élève de 1885 à 1887, professeur de 1895 à 1901, commandant de l'École de 1908 à 1911. On insiste d'ordinaire sur les conférences qu'il y a données et qui, publiées, l'ont fait connaître dans la décennie précédant la Grande Guerre. C'est toutefois négliger, de son aveu même, la portée de l'enseignement qu'il y a précédemment reçu. C'est oublier aussi la double inflexion, généraliste et pratique, qu'il a donnée à la formation des brevetés d'état-major lorsqu'il a commandé cette institution. C'est enfin ignorer les liens qu'il a noués, pendant cette même période, avec ses homologues anglais et russes.

La double vocation de l'École supérieure de guerre

Pourquoi École et pas Académie ? Peut-être, pour rester dans une terminologie française. L'École militaire n'a-t-elle pas été créée sous l'Ancien Régime en 1751[1] ? Le choix du terme compte moins que la dualité qui n'a cessé de caractériser sa finalité. Avait-elle pour but de créer un corps d'officiers d'état-major apte à seconder le commandement dans ses prises de décision et en assurer l'exécution ? Se donnait-elle pour objectif de préparer une élite d'officiers aux responsabilités les plus élevées ?

En réalité, l'École supérieure de guerre entendait (et entend toujours, sous le vocable de Cours interarmées de Défense) combiner les deux fonctions en imposant aux brevetés qu'elle avait formés d'alterner temps

1. Avant même le choc provoqué par la Guerre de Sept ans, les pressions sociales exercées par la noblesse et le courant des Lumières ont suscité la création de diverses écoles dont l'École de Metz et le Cours supérieur de guerre. Voir Jean Chagniot, « L'art de la guerre », in *Histoire militaire de la France*, de 1715 à 1871, T. 2 (sous la dir. de J. Delmas), PUF, 1992.

de troupe et temps d'état-major. Car c'est pour mettre fin au système du corps d'état-major, le « corps fermé », institué par le maréchal Gouvion-Saint-Cyr en 1818, que le général de Cissey[1], ministre de la Guerre, avait institué un recrutement ouvert par concours dans toutes les armes, ainsi que l'obligation d'accomplir un temps de commandement à chaque grade.

Joffre, évoquant les brevetés dans son discours de réception à l'Académie française en 1919, a fait leur éloge : « Au cours des premières semaines de la guerre, nous n'aurions pu faire ce que nous avons fait si les grands états-majors d'armée n'étaient demeurés comme des rocs dans la tempête. » Un jugement partagé par de Gaulle dans *La France et son armée* : l'École « dotera le commandement d'auxiliaires rompus à leur tâche et favorisera chez les grands chefs cette formation supérieure sans laquelle on n'embrasse point les hautes parties de l'art »[2].

Foch avait suivi la mise en place du nouveau système institué par le décret du 18 février 1876 portant création de Cours spéciaux militaires[3]. Dès le 14 mars, les épreuves du premier concours étaient terminées. Sur 324 candidatures, 290 avaient été retenues et 72 lieutenants ou capitaines, polytechniciens ou saint-cyriens, admis. D'École militaire supérieure, l'institution était devenue École supérieure de guerre par la loi du 20 mars 1880 et avait quitté les Invalides pour s'installer à l'École militaire. Le brevet d'état-major était délivré sur épreuves après deux ans d'études. L'École d'état-major, qui avait cessé de recruter le 1er janvier 1878, avait été fermée le 20 décembre 1880. Lyautey (1854-1934), sorti en 1877 de Saint-Cyr dans la cavalerie, avait appartenu à sa dernière promotion. Afin de ménager les transitions, le brevet d'état-major pouvait être accordé à des officiers supérieurs, à la suite d'un concours ouvert chaque année. Gallieni l'obtint en 1889[4].

1. Georges Gugliotta, *Un officier du corps d'état-major, le général de Cissey (1810-1882), réorganisateur de l'armée française*, thèse de doctorat ès lettres, Montpellier, 1987, mention T.H. avec félicitations du jury.
Issu de l'École d'état-major en 1834, Cissey était le contre-exemple de « l'enfermement » de ce corps. Il avait remporté le 16 août à Rezonville, un des rares succès de la campagne de 1870.
2. Plon, 1938.
3. *Centenaire de l'École supérieure de guerre, 1876-1976, Actes du colloque « L'influence de l'École supérieure de guerre sur la pensée militaire de 1876 à nos jours »,* Paris 13 et 14 mai 1976, sous la dir. scientifique du général d'armée Gambiez. Réalisation du Cours d'histoire de l'ESG, sous la dir. du colonel Pierre Lesouef.
4. Marc Michel, *Gallieni*, Fayard, 1989.

La 11e promotion de l'École supérieure de guerre (1885-1887)

Ferdinand Foch est entré à l'École supérieure de guerre en 1885 avec la 11e promotion qui comptait 23 artilleurs et 5 sapeurs issus de l'École polytechnique et 37 fantassins et 5 cavaliers formés à Saint-Cyr[1]. Au concours d'admission, il avait été classé 4e sur 73 reçus. En fin de première année, noté « sujet d'avenir », il a perdu une place, avec 16,65 de moyenne. Mais il retrouve son rang de 4e à la fin de la deuxième année avec une moyenne de 18,41 qui lui vaut le brevet d'état-major, mention Très Bien, « Officier d'élite ». Le détail de ses notes aux épreuves de sortie, révélateur de la diversité de l'enseignement donné, fait apparaître ses points forts : composition écrite, 14,6 ; tactique d'infanterie, 18 ; géographie, 19 ; cavalerie, 18,25 ; administration 16,5 ; allemand, 13,25 ; tactique d'artillerie, 20 ; service d'état-major, 19 ; histoire militaire et stratégie, 19 ; fortification, 18 ; équitation, 17 ; aptitude au service d'état-major, 18,56. Note du général commandant l'École : 17,71. Subtilités décimales des notateurs.

Était-il promis, à cette date, aux plus hauts commandements ? Le prétendre, serait céder à la prédestination, oublier que chaque année sortaient « dans la botte » des officiers qui finirent dans l'anonymat. Pour s'en tenir aux 10e (1884-1886), 11e (1885-1887), 12e (1886-1888) promotions, aucun n'a réellement percé. Dans sa promotion, les trois premiers, plus jeunes que lui, ne firent qu'une carrière honorable[2]. Seul Graziani, un fantassin peu connu d'ailleurs, devint général d'armée.

La consultation des listes annuelles de brevetés permet de situer Foch parmi ceux qui exercèrent de hauts commandements pendant la Grande Guerre. Il avait été précédé par : Charles Lanrezac (1552-1925) fantassin sorti de Saint-Cyr en 1870, 3e promotion (1978-1979) ; Joseph Maunoury (1847-1923), polytechnicien et artilleur, sorti de l'X en 1869, 7e promotion (1881-1883) ; Louis Franchet d'Esperey (1854-1942) sorti de Saint-Cyr en 1876 dans l'infanterie, 8e promotion (1882-1884) ; Maurice Sarrail (1854-1929), sorti de Saint-Cyr dans l'infanterie, 9e promotion (1883-1885). En revanche, Robert Nivelle (1856-1924), artilleur sorti de l'X en 1878, devait entrer avec la 13e (1887-1889) ; Philippe Pétain (1856-1951), fantassin sorti de Saint-Cyr en 1878, avec la 14e (1888-1890) ; Émile Fayolle (1852-1921), sorti de l'X dans l'artillerie en 1876, avec la 15e (1889-1891). Gallieni, on l'a vu, avait été breveté en 1889 sur concours spécial. Joffre ne l'était pas.

1. *Les 58 promotions de l'École supérieure de guerre, 1876-1937*, Bibliothèque de l'École militaire.
2. M.B., né en 1853, X , artillerie. J. de V., 1857, St. C., infanterie. H.A., 1858, X, génie. Tous trois plus jeunes que Foch.

L'enseignement et les enseignants

Qui enseignait quoi et comment ? L'enseignement mis en place par son premier directeur, le général Lewal, donnait la priorité à la tactique des armes et à la tactique générale. S'appuyant sur des exemples tirés des dernières guerres et sur des exercices pratiques, son enseignement supposait la coordination des cours. L'homme clé était le commandant Maillard. Autour de son cours « infanterie », s'organisaient les autres enseignements : service télégraphique, emploi des chemins de fer, service de santé et vétérinaire, géographie, histoire, allemand… équitation.

Ce fantassin massif, issu de Saint-Cyr et du corps d'état-major, avait lu Guibert et Clausewitz. Il avait étudié non seulement la guerre de 1870, à laquelle il avait pris part, mais aussi les plus récents conflits dont la guerre de Sécession. Son cours s'ordonnait en trois parties : Étude des faits de guerre, Éléments de la Guerre, Étude spéciale de l'infanterie. Il s'en dégageait une méthode et des principes : fixer un but, établir un plan, économiser ses forces, concentrer ses moyens, faire converger ses efforts, assurer la liaison des armes, conserver sa liberté d'action et enfin créer l'événement. Les forces morales étaient pour lui de la plus haute importance. Ses élèves, qu'il préparait à une prise de décision rapide et adaptée aux circonstances, ne devaient pas chercher des recettes dans l'histoire ou l'enseignement reçu, mais affirmer leur personnalité.

Ce qu'a écrit Foch de la formation reçue à l'École supérieure de guerre, montre qu'il en avait retenu l'esprit :

Dans des enseignements plus ou moins théoriques, établis sur les leçons de l'histoire, l'École formait un esprit moyen, usant des dons naturels et des connaissances acquises, à pouvoir aborder les problèmes de la grande guerre, les raisonner, les discuter, en avancer la solution sur des bases solides.

… Elle comprenait, il est vrai, une réunion d'hommes supérieurs : les Cardot, les Maillard, les Millet, les Langlois, les Cherfils notamment remarquables par leur conscience passionnée, leur expérience, leur jugement. En partant d'études historiques minutieusement fouillées, ils parvenaient à définir et à embrasser à la fois le domaine moral illimité de la guerre et à fixer, en les raisonnant, les moyens matériels par lesquels on devait le traiter. Par là, ils nous fournissaient, en même temps qu'un enseignement établi, une méthode de travail applicable aux problèmes de l'avenir [1].

---

1. *Mémoires*, T. I, p. XV-XVI.

Toutefois, les *Mémoires* ne distinguent pas particulièrement Maillard dont il cite seulement le nom parmi d'autres : Cardot venu du 2e Bureau de l'état-major, Langlois artilleur comme lui, Cherfils le cavalier. Millet, rarement évoqué ailleurs, à qui Foch a tenu à rendre un hommage appuyé en raison de la protection qu'il lui avait accordée au cours de sa carrière et de l'influence qu'il avait exercée sur sa « manière de voir la lutte prochaine ».

Né en 1843, entré à Saint-Cyr à dix-huit ans, ce fantassin avait participé à l'expédition du Mexique de 1865 à 1867, à la guerre de 1870 au cours de laquelle il s'était distingué aux combats de Borny et de Mars La Tour les 14 et 16 août, puis durant le siège de Metz au combat de Servigny les 31 août et 1er septembre ; ce qui lui avait valu d'être cité à l'ordre du 4e corps d'armée de l'armée du Rhin. Rentré de captivité en avril 1871, il avait pris part en Algérie à « la réduction de l'insurrection des Beni Menassar ». Après dix ans passés en Algérie et deux en Tunisie, il était devenu en 1884 professeur adjoint du cours de tactique appliquée d'infanterie à l'École supérieure de guerre, dont il devait assurer la sous-direction des études de 1888 à 1892. Il s'en suivit une carrière brillante, patronnée par Gallifet, le marquis républicain. Chef de corps remarqué pour son « caractère bienveillant et très énergique », directeur de l'infanterie au ministère de la Guerre, général de division en 1900, commandant de corps d'armée trois ans plus tard, maintenu dans ses fonctions de 1906-1908, Millet mourut en 1914[1]. Pendant près de trente ans, il fut le conseiller et le confident de Foch.

Pour lui, et depuis 1870, la puissance des feux dominait et maîtrisait le champ de bataille … Avec le perfectionnement de l'armement, cette puissance devait se révéler encore plus absolue dans la prochaine guerre. Il fallait à tout prix se préoccuper du traitement à lui assurer en cherchant à la prendre à son actif par un matériel plus puissant et à se soustraire à ses effets par des moyens à trouver [2].

Pareil constat, fondé sur l'expérience et prolongé par une prospective technique, ne pouvait que convaincre un artilleur. Foch paraît avoir été plus attentif encore au raisonnement opérationnel proposé. L'assaut, « pour enlever la position ennemie », devait toujours être préparé par le feu d'une puissante artillerie. Un succès ponctuel ne pouvait suffire, il devait être suivi aussitôt d'une action destinée à accroître le désarroi chez l'ennemi. Le chef devait donc avoir préparé l'enchaînement des opéra-

1. Service historique de la Défense, Département Terre, 9Yd 310.
2. Pour tout ce qui concerne le stage de Foch à l'École de guerre, et son temps professoral *Mémoires*, T. I, p. XVI-XXII.

tions et avoir réservé les moyens nécessaires à son accomplissement, car le but était *d'empêcher le rétablissement de l'adversaire que facilitait l'armement actuel. Seule (cette seconde manœuvre) rendrait le succès obtenu non seulement définitif mais assez étendu pour amener une désorganisation profonde de l'ennemi et par là faire la victoire.*

Le feu, le choc, la manœuvre, l'exploitation, la bataille dont dépend la victoire, étaient donc déjà enseignés à l'École de guerre en 1885-1887. Foch, jusqu'à la fin de sa vie, reconnut sa dette. Élégance rare.

Stagiaire d'état-major

En novembre 1887, Foch fut affecté comme stagiaire pour un an à l'état-major du 16e corps d'armée à Montpellier, puis pendant deux ans à l'état-major de la 31e division d'infanterie du même corps. Un poste qu'il avait demandé sur les conseils de son oncle, Dupré, professeur à la faculté de Médecine de cette ville, familier du général baron Berge commandant le 16e corps qui, l'ayant apprécié, lui accorda une protection durable. Il y donna une conférence sur le rôle de l'artillerie dans une division de cavalerie : *Avant de lancer une colonne à l'assaut, on se donne la certitude que le canon a fait brèche. Avant d'envoyer l'infanterie à l'attaque d'un village, on s'assure que l'artillerie a ruiné les obstacles qu'elle rencontrerait. Avant de lancer les escadrons sur la première ligne ennemie, il faut être certain que l'artillerie lui a causé des désordres irréparables.*

Consécration évidente, il fut appelé en août 1890 au 3e bureau de l'état-major de l'armée et nommé chef d'escadron en février 1891. De février 1892 à février 1894, il servit au 13e régiment d'artillerie à Vincennes ; temps de troupe oblige. Puis, de février 1894 à octobre 1895, il fut de nouveau affecté au 3e bureau de l'état-major de l'armée. Là, au bureau Opérations, où les plus brillants brevetés mettaient en forme les mesures d'application de la doctrine de guerre, à l'élaboration de laquelle ils étaient indirectement associés.

Le plan du général de Miribel, alors chef d'état-major de l'armée, lui avait paru insuffisant. Fondé sur l'hypothèse d'une invasion allemande, il prévoyait une phase défensive utilisant en profondeur le terrain et les fortifications afin de laisser au généralissime le choix du moment et du lieu de la contre-offensive. Pour Foch, convaincu de la nécessité de penser la guerre comme un tout, Miribel pensait court.

Qu'il suive alors l'actualité ne fait aucun doute. On remarque cependant, dans son retour sur son passé, l'absence d'allusion à trois faits majeurs de ce temps : les premiers essais du canon à tir rapide, le futur 75 modèle 1897 ; les débuts de l'affaire Dreyfus[1] ; les accords franco-russes qui, sortant la France de son isolement, rétablissaient l'équilibre stratégique en Europe[2].

Professeur d'histoire militaire, de stratégie et de tactique générale

En octobre 1895 le colonel Renouard, commandant l'École de guerre, fit appel à Foch comme professeur adjoint du cours d'histoire militaire, de stratégie et de tactique générale. Ancien sous-chef d'état-major de l'armée, il avait apprécié Foch lors de son passage au 3e bureau[3]. Un an plus tard, Bonnal, titulaire du cours depuis 1892, se retirait[4]. Foch, semble-t-il, était le premier titulaire de cet enseignement à n'avoir pas participé au précédent conflit. Le soutien de Millet, toujours dans le sillage de Gallifet devenu ministre de la Guerre (1899-1902), avait sans doute joué en sa faveur. Nommé lieutenant-colonel en juillet 1898, Foch quitta l'École en octobre 1901, six ans après sa nomination ; ce qui constituait pour l'époque un temps relativement court. Son désaccord doctrinal avec son prédécesseur en fut la cause principale.

C'est simplement pourvu des notions fondamentales du général Millet que j'abordais ainsi à la fin de 1895, l'enseignement de la tactique générale à l'École supérieure de guerre pour lequel j'avais été désigné. Pendant six ans d'un travail opiniâtre, je devais les approfondir et chercher à les compléter. Quand on s'est consacré à la recherche de la vérité guerrière, peut-on trouver un excitant plus fort que d'avoir à l'enseigner à ceux qui la pratiqueront sur les champs de bataille, où se jouent, avec la vie de leurs soldats, les destinées de leur pays.

Foch n'a donc pas prétendu avoir fait œuvre originale. Effectivement tout ce qu'il avance, ou presque, a été enseigné avant lui, de la « bataille décisive » aux « forces morales ». Ce qui lui revient, c'est d'en avoir dressé une synthèse cohérente, hiérarchisant les pouvoirs décisionnels, enchaî-

1. Le capitaine Alfred Dreyfus, polytechnicien, artilleur, breveté (16e promotion, 1890-1892), accusé de trahison en octobre 1894, condamné à la déportation en décembre. En complément de Jean-Denis Bredin, *Dreyfus, un innocent*, Fayard, 2006 (réédition), voir Michel de Lombarès, *L'affaire Dreyfus*, Lavauzelle, 1985. L'auteur, polytechnicien et artilleur breveté, affirme également l'innocence de Dreyfus, mais oppose à la thèse de la culpabilité d'Esterhazy celle d'une manipulation des services allemands.
2. Sur l'arrière-plan diplomatico-militaire de la carrière de Foch, Jean Doise et Maurice Vaïsse, *Diplomatie et outil militaire 1871-1939*, Imprimerie nationale, 1987.
3. Pour l'ensemble de ce chapitre, précisions et compléments dans : Weygand, « Foch et l'École de Guerre », *Revue des Deux Mondes*, n° 10, 1958.
4. Voir en particulier, sous la direction du colonel Allain Bernède, chef de cours à l'ESG, l'exposition « L'École supérieure de guerre de Lewal à Foch », fév. 1999-juil. 2000. Bonnal élève à l'ESG, (1876-1877), professeur (1892-1896), commandant (1901-1902).

nant les phases opérationnelles, distinguant le contingent du permanent. Le lecteur doit en avoir conscience avant de se plonger dans l'étude des deux premiers ouvrages édités de Foch, *Des Principes de la guerre* (1903) et *De la Conduite de la guerre* (1904) ; ceux qui l'ont fait connaître d'un large public puisqu'ils ont été réédités avant la Grande Guerre. De même doit-il avoir présent à l'esprit qu'ils ont d'abord été professés, et avec quelle éloquence enflammée, sous forme de « Conférences faites en 1900 à l'École supérieure de guerre ».

Quelle que fût l'originalité de sa pensée, Foch ne pouvait ignorer les règlements d'emploi et les plans d'opérations de l'état-major, fondés pour l'essentiel sur la doctrine élaborée à l'École de guerre à partir du réseau ferroviaire du moment[1]. Il ne pouvait pas, à son arrivée, ignorer le décret du 28 mai 1895 « portant règlement sur le service des armées en campagne » inspiré par Maillard et Bonnal. En 1897, durant sa deuxième année d'enseignement, parut le plan XIV également attribué à Bonnal. Fondé une fois de plus sur une phase de retraite en sécurité, suivie d'une contre-offensive, il ne correspondait pas aux conceptions de Foch, qui le laissa entendre[2].

Des Principes de la Guerre et *De la Conduite de la Guerre* et non « Les principes ... » ou « La conduite... » . Il s'agit donc, à priori, d'une invitation à la réflexion et non d'un enseignement dogmatique. Pareils titres autorisent une reconstruction globale de ces deux livres, rigoureusement pensés mais parfois déroutants à lire, à partir de deux questions : pour qui et pourquoi enseigner la guerre ? Qu'enseigner et comment ?

Former des officiers d'état-major ou des commandants d'armée ?

La finalité de l'exercice était fixée par l'École : former des officiers d'état-major, les préparer à exercer éventuellement de hauts commandements. Pouvait-on, pour autant, leur enseigner la Guerre dans l'absolu ? Foch répondit « Non », car la guerre est affaire du moment et relève du contingent, politique et technique, ou encore d'un jeu de forces morales et matérielles. Cependant, selon lui, on pouvait et on devait en dégager des permanences : les principes.

---

1. Sept plans se succèdent de 1871 à 1880. Toutefois, on les compte de I à XVII de 1880 à 1914.
2. Eugène Carrias, *La pensée militaire française*, PUF, 1960, chap. XI, Redressement de la pensée militaire sous la IIIe République 1871-1918, p. 263-309, en particulier « Signification de l'œuvre de Foch », p. 287.
L'intérêt de l'ouvrage, toujours constructivement critique, découle des conclusions, erronées ou non, que les Français tirent des conceptions allemandes. On doit également au colonel Carrias, *La pensée militaire allemande*, PUF.

Trop d'officiers, à ses yeux, manquaient à la fois de solidité physique et de souplesse d'esprit. Les entraîner aux exercices alors pratiqués dans l'armée (l'équitation, la marche, l'escrime, les agrès...) n'était pas de sa compétence, même s'il donnait journellement l'exemple de la pratique de l'équitation. Le savoir critique, en revanche, ne pouvait s'acquérir que par une curiosité intellectuelle toujours en éveil combinant culture générale et connaissances militaires. En toute circonstance le chef, à tous les niveaux de commandement, devait être en mesure de raisonner vite et juste, de prendre rapidement une décision adaptée à la situation, de l'exprimer par des ordres clairs, de s'assurer de leur exécution. D'où la qualité principale de tout officier : « avoir du caractère ». Une exigence de toujours que Foch n'a pas découverte, mais qui transparaît dans chacun de ses développements.

Qu'ils exercent un commandement ou servent dans un état-major, les officiers ne peuvent maîtriser ce processus décisionnel au combat que par la pratique soutenue d'une gymnastique intellectuelle fondée sur l'acquisition d'un savoir historique et l'analyse de cas puisés dans les campagnes récentes : la guerre de 1870 et, depuis l'arrivée de Bonnal, celles de Napoléon. Pareille méthode ne risquait-elle pas de favoriser la paresse d'esprit et le recours à des solutions modèles ou encore à des recettes ? Non, si celui à qui appartenait la décision était capable de dégager la spécificité de la situation qui se présentait à lui en fonction de la mission reçue. C'était le « De quoi s'agit-il ? » de Verdy du Vernois à Sadowa. Non encore si, prolongeant l'étude de cas qui ne se reproduiraient jamais, les exercices imposés sur carte ou sur le terrain proposaient des situations différentes de celles qui avaient illustré les cours.

De la bataille ou de la guerre ?

En préalable Foch, s'appuyant sur Clausewitz, insiste sur le caractère national des guerres depuis la Révolution. Elles opposent des peuples mobilisant la totalité de leurs forces vives, hommes et ressources, car il y va sinon de leur existence, du moins de leur devenir. De leur « rang » aurait dit de Gaulle.

La guerre étant subordonnée à la politique dans ses origines et dans ses fins, est une lutte entre deux gouvernements représentant des peuples, avant d'être une lutte entre deux armées[1].

Il en résulte que la stratégie générale, qui suppose la mise en œuvre combinée de la diplomatie, de l'économie et des armées, est affaire de

1. Lettre privée, citée par Weygand, « Foch et l'École de guerre », *op. cit.*

gouvernement ; plus encore dans une guerre de coalition (que n'évoque pas explicitement Foch). C'est le pouvoir qui fixe les buts de guerre en fonction des intérêts de la nation. En revanche, il appartient au commandement de définir les objectifs permettant de les réaliser. Au principe de pertinence dans la fixation des buts de guerre doit répondre celui de cohérence dans la conduite des opérations. Il en découle l'obligation d'un commandement unique, véritable interface (dirait-on de nos jours) entre le politique et le militaire, entre stratégie nationale et stratégie opérationnelle. Soumis aux décisions du politique qu'il conseille, le commandant en chef est en droit d'exiger de ses grands subordonnés une totale discipline intellectuelle dans l'observation de ses intentions, condition de leur liberté d'action dans l'application.

Sur ces bases, Foch précise ce que doit être la bataille dont le succès ou l'échec conditionne la victoire ou la défaite de la nation. La bataille doit être « décisive ». Qu'est-ce à dire ? Par le jeu combiné du feu, de la manœuvre et du choc, elle doit aboutir non à la retraite de l'armée ennemie, mais à sa destruction afin de priver le gouvernement adverse de toute possibilité de reprendre la lutte et par là le soumettre entièrement à la volonté du vainqueur. Ce qui est le véritable but de la guerre.

Pour Foch seule l'offensive, symbolisée par « l'assaut » et complétée par « l'exploitation », peut aboutir à ce résultat. Ce qui relève de la stratégie opérationnelle ou de la tactique générale, entendue comme le processus de concentration des forces armées puis de leur engagement sur le terrain en vue de la rencontre avec l'ennemi. À la stratégie, succède alors la tactique. On est dans un deuxième temps, celui du combat combinant l'emploi des trois armes de mêlée : l'artillerie qui ébranle les forces ennemies, l'infanterie qui attaque leurs positions, la cavalerie qui les poursuit, empêchant leur rétablissement par une exploitation poussée à fond.

Des « principes immuables » pour une « guerre moderne »

Le chapitre XII et dernier *Des Principes* a pour titre « La bataille moderne ». La guerre ou la paix, ainsi que la préparation humaine, morale et politique de la nation, dépendent du pouvoir politique. Le commandement n'est cependant pas exclu de cette phase préparatoire, car il est le conseiller du gouvernement en matière d'estimation des besoins et d'appréciation de l'équilibre des forces. Mais que pèse l'avis des experts, consultatif par définition ? En fonction de l'ennemi désigné et du but de guerre fixé, le commandement établit un plan, dont la première étape associe couverture, mobilisation, concentration en vue d'engager la bataille sur le terrain choisi.

Hors de toute contingence, les décisions du commandant en chef, quel que soit son niveau de commandement, doivent alors répondre à des principes « immuables » et complémentaires : économie des forces, c'est-à-dire disponibilité et manœuvrabilité des forces ; sûreté, garante de la liberté d'action ; frappe du fort au faible ; exploitation afin que la défaite de l'ennemi soit irréversible. Pareil schéma est sans conteste hors du temps et de l'espace.

Foch pourtant insiste en conclusion sur trois caractères de la « guerre future », la « guerre moderne », celle dont il est toujours sous-entendu qu'elle opposera l'Allemagne à la France. Le premier résulte du développement continu des transports ferroviaires, favorisant la mobilisation, la concentration, les approvisionnements par les voies pénétrantes. L'outil stratégique par excellence, puisqu'il permet aussi la manœuvre des réserves par les lignes intérieures. Mais avec une contrepartie, la subordination des opérations au tracé des voies ferrées. Le deuxième paramètre, non moins évolutif en raison du progrès industriel, est l'intensification du feu : rapidité de tir et mobilité pour l'artillerie de campagne, puissance et portée pour l'artillerie lourde. Le troisième enfin, conséquence de l'extension des fronts et de l'allongement des opérations : la bataille décisive résulte de la succession de batailles qui la préparent. D'où le glissement de la notion de bataille (autrefois unique et décisive) à la notion de guerre, lorsque les opérations s'étendent dans le temps et l'espace.

Foch professait incontestablement une approche globale, en situation, de la guerre. La critique de son enseignement doit donc être conduite en fonction de ce que connaissaient, possédaient, préparaient les adversaires probables de la France entre 1895 et 1900. Peu importe en effet que, d'édition en édition, le texte des deux ouvrages ne change pas. Ce qui compte ce sont les préfaces successives, trop brèves, il est vrai. Elles révèlent un Foch attentif aux leçons des conflits qui se sont déroulés depuis leur première publication. En 1911, tirant les conclusions des guerres du Transvaal et surtout de Mandchourie, il attira l'attention sur l'emploi de nouveaux moyens de transmission ou d'observation et les effets accrus de l'artillerie : *... ces dernières campagnes ont montré tout le développement pris par le feu à la suite des progrès réalisés dans l'armement. Ils en étendent la justesse, l'efficacité, la portée, la rapidité... Mais la guerre dans sa conduite reste soumise aux mêmes lois que par le passé.*

L'audience de Foch : les forces morales

Six promotions ont assisté aux conférences de Foch : les 21e, 22e, 23e, 24e, 25e, 26e : 500 auditeurs environ, dont un Monténégrin (21e), un Turc

(24e) et un Japonais (25e). Tous ou presque étaient officiers supérieurs en 1914 ; certains ont porté les étoiles durant la guerre. Un seul a accédé, trois décennies plus tard, aux plus hautes responsabilités : Gamelin (25e), « poulain » de Joffre. Quelques noms se détachent : Buat (21e), Poeymirau (23e), Grandmaison (24e), Jacomet (25e), Mittelhauser (25e), Mordacq (24e) plus tard chef du cabinet militaire de Clemenceau, Desticker (25e) qui fera partie de l'état-major de Foch.

Comment ces futurs brevetés ont-ils reçu son enseignement ? Les textes publiés ne rendent pas forcément compte des conférences telles qu'elles ont été données, même si celles-ci ont été rédigées préalablement. Ils transposent un enseignement oral destiné à de jeunes officiers qui, à la fin du XIXe siècle, s'interrogent sur leur métier. Tous se préparent à la guerre, à la guerre contre l'Allemagne ; même ceux qui ne répugneraient pas, après Fachoda (1898), à en découdre avec l'Angleterre. Or l'armée n'est plus « l'arche sainte » qu'elle était dans les deux ou trois décennies qui suivirent la défaite. On la brocarde dans *Les gaietés de l'escadron* (1895), socialistes et dreyfusards la contestent, le pouvoir s'en méfie. Seules embellies, stratégique et tactique, l'alliance franco-russe et l'adoption du canon à tir rapide 75 modèle 1897.

En ce temps où se jouent *Cyrano de Bergerac* (1897) et l'*Aiglon* (1900) de Rostand, où paraissent les trois volumes du *Roman de l'énergie nationale* de Barrès (1897-1902), où le public se presse aux conférences de Bergson, ces officiers se tournent vers le maître qui s'impose par la rigueur de son enseignement, par l'enthousiasme dont il déborde, par sa vitalité de solide quinquagénaire, son allant d'homme de cheval. Une adhésion qui a peut-être conduit certains à oublier la rigueur du raisonnement sous la chaleur du verbe[1].

Ses formules, il est vrai, faisaient mouche. Il suffit d'en citer quelques-unes : *La théorie, prétendant à l'exactitude scientifique, faisait abstraction des grandeurs morales … recherche de l'effet moral.* Deux d'entre elles résument ce qu'il entendait par forces morales : *la volonté de vaincre, première condition de la victoire* ; *la bataille étant une action morale, le moyen qu'elle applique est la terreur chez l'adversaire, causée par la surprise.*

Foch s'inscrivait, sans aucun doute, dans le courant de pensée spiritualiste qui rejetait le positivisme. En cette période d'exaspération de l'affaire Dreyfus (le « J'accuse » de Zola est de 1898), ses sympathies allaient à la

1. Amicales remarques du général Jean Delmas, à partir de son expérience de chef du cours Histoire à l'ESG.

Ligue de la Nation Française. Elles ne semblent pas l'avoir poussé jusqu'au nationalisme intégral qu'annonçaient l'*Action française* de Vaugeois (1899) et l'*Enquête sur la monarchie* de Maurras (1900). La preuve en est l'éloge de Messimy, officier républicain devenu ministre de la Guerre et qui fut son élève de 1894 à 1896 :

> « Foch appuyait son enseignement sur l'étude non seulement stratégique et tactique mais psycho-physiologique des guerres antérieures. Il refaisait avec nous l'histoire de la guerre de 1870 en signalant les fautes commises. Il nous tenait haletants en nous montrant comment, faute de caractère, faute de la volonté de vaincre, les généraux de Napoléon III avaient conduit nos armées à une série de défaites et de capitulations honteuses. Il n'est pas dans les traditions d'une école militaire, si élevée soit-elle dans la hiérarchie scolaire, d'applaudir les conférenciers. Combien de fois, pourtant, après les leçons de Foch, n'avons-nous pas été tentés d'acclamer l'homme éloquent et convaincu qui démontrait comment la récente infortune de notre histoire aurait pu se muer en succès. »

Fin de carrière ?

L'enseignement de Foch prit fin en novembre 1901 sur un désaveu. Son opposition à Bonnal, on l'a dit, y fut pour beaucoup. Ne lui reprochait-on pas aussi d'avoir favorisé les stagiaires issus des « jésuitières », d'avoir donné un enseignement métaphysique ou au contraire prétendument mathématique (les effets du feu d'infanterie en équation), d'avoir étalé sa supériorité intellectuelle de polytechnicien, de s'être montré intransigeant en tout ? Son succès auprès des stagiaires, ou encore les protections dont il avait joui, en avaient irrité plus d'un. L'anticléricalisme du début du siècle aidant, son avancement en fut retardé.

Il renoua alors avec les affectations provinciales en corps de troupe. Affecté à Laon au 29e régiment d'artillerie comme second du chef de corps, sa fonction lui laissa le loisir d'éditer ses Conférences et d'étudier *La bataille de Laon (1814)*, que termine un réquisitoire sévère :

Napoléon est décidément vaincu. Non pour avoir montré un génie inférieur à lui-même mais pour avoir manqué du nécessaire pour vaincre… tout lui a fait défaut. Les ressources du pays, il les a dépensées dans les gigantesques entreprises de son insatiable ambition. Bien plus, il en tarit les sources en étouffant les activités et les élans de tout un peuple dans sa colossale, absolue et égoïste personnalité. En lui le conquérant a tué le souverain.

Le 20 mai 1903, il rejoint le 35e régiment d'artillerie à Vannes dont il prend le commandement comme colonel le 12 juillet. Une fin de carrière sans les étoiles ? C'est pour lui l'occasion de galoper et de faire galoper dans la lande quelques officiers trop sédentarisés. C'est alors que Millet l'appelle à Orléans, fin décembre 1905, pour en faire le chef d'état-major du 5e corps d'armée placé sous ses ordres et de l'armée dont il prendrait le commandement en cas de guerre. Promu général de brigade le 26 juin 1907, il entre aussitôt au Comité technique de l'artillerie tandis qu'il commande l'artillerie du 5e corps, du 26 octobre 1907 au 8 octobre 1908.

Pour être compris, ce retour dans la course à l'avancement exige un bref rappel de l'évolution de la politique française. L'affaire Dreyfus avait donné naissance à une politique de Défense républicaine, à consonance anticléricale, du moins jusqu'en 1907. Quatre mesures résument ce climat : les lois de 1901 et de 1904 sur les congrégations enseignantes, le système de délation dévoilé par « l'affaire des fiches », la loi de séparation des églises et de l'État en 1905 et l'inventaire des biens qui s'en suivit. Aux ministères Waldeck-Rousseau (1899-1902) et Combes (1902-1905) avait succédé un cabinet Clemenceau (1906-1909) auquel l'aggravation de la situation internationale dicta un ordre de priorités différent. L'accord de 1899, liquidant le contentieux africain franco-britannique en Afrique, avait préparé l'Entente cordiale de 1904. Trois ans plus tard, en 1907, la conclusion de la Triple Entente inquiète les Empires centraux qui, déjà abandonnés par l'Italie, se sentent « encerclés ». En 1908, l'annexion de la Bosnie-Herzégovine par l'Autriche-Hongrie sonne comme un avertissement à la Russie.

Foch et Clemenceau

C'est dans ce contexte que, le 8 octobre 1908, Foch est nommé commandant de l'École supérieure de guerre ; belle revanche pour lui et ses protecteurs de toujours. Le 14 juillet, Millet avait avancé son nom au ministre de la Guerre, Picquart, qui l'avait renvoyé au président du Conseil. Sur quoi, le commandant du 5e corps conseilla à son protégé de demander une audience à Clemenceau qui la lui accorda aussitôt. Preuve que Millet, pourtant en fin de carrière, jouissait de la confiance entière du président du Conseil.

Les récits de cet entretien sont nombreux, souvent répétitifs[1]. Clemenceau aurait été convaincu du peu de fondements des accusations proférées contre ce frère de jésuite, mais dont le comportement avait été discipliné

1. Jean-Jacques Becker, *Clemenceau l'intraitable*, Liana Lévy, 1998 ; Jean-Baptiste Duroselle, *Clemenceau*, Fayard, 1988 ; Pierre Guiral, *Clemenceau en son temps*, Grasset, 1994 ; Michel Winock, *Clemenceau*, Perrin, 2007.

durant les années de tension politique. La fermeté de son interlocuteur, son ardeur patriotique égale à la sienne, l'énergie rayonnant de sa personne, ne pouvaient qu'impressionner le Tigre. La lecture de ses deux ouvrages, déposés dès le 18 juillet, aurait achevé de le convaincre tant par sa distinction entre pouvoir et commandement (*Cedant arma togae* !), que par sa conception de la bataille décisive, condition de la victoire nationale. Après avoir lu les cours de Lanrezac et ceux de Foch, Clemenceau choisit l'auteur des *Conférences.*

Il existe de cet entretien une version établie par Foch lui-même[1]. Sortant de sa réserve, le Tigre se serait échauffé à l'évocation, par son interlocuteur, de l'enthousiasme de la jeunesse. Il serait néanmoins resté pessimiste sur un pays « sans énergie, sans courage, sans logique, dans lequel toute la mentalité a été faussée par des siècles de domination et de domination cléricale ». Il aurait jugé le peuple capable « de toutes les faiblesses, à plus fortes raisons si nous avons des défaites à accepter ». À quoi Foch aurait répliqué : *Ce jour-là, Monsieur le Président, gouvernez ferme.*

Clemenceau aurait alors enchaîné sur ces alliances qu'il « cherche partout », la droite qui l'attaque, les ouvriers qui « ne sont pas plus raisonnables », l'armée qui s'est cru victorieuse après avoir écrasé la Commune. Réponse de Foch : *Elle a beaucoup travaillé depuis,* qui aurait ajouté ... *la Révolution nous donne de grands enseignements à approfondir. Rien n'est plus suggestif et inexpliqué peut-être encore que la journée de Valmy.*

Au commandement de l'École supérieure de guerre

En octobre 1908, la 33e promotion (1907-1909) termine sa première année. À son départ, en octobre 1911, la 35e (1909-1911) achève sa formation. La suivante, la 36e (1910-1912) n'a encore fait qu'un an. Pas grand changement dans la composition de ces promotions de quatre-vingt-dix stagiaires environ : toujours des polytechniciens artilleurs et des saint-cyriens fantassins ; très peu de sapeurs et de cavaliers. Les étrangers sont en nombre variable : 1 Russe dans la 33e ; 1 Japonais, 1 Grec, 3 Bulgares dans la 34e ; aucun dans la 35e ; 2 Grecs, 2 Serbes, 1 Bulgare, 1 Chilien dans la 36e. Parmi eux quelques généraux de la Deuxième Guerre mondiale : Billotte et Doumenc (33e), Dentz (34e), Chauvineau, Condé, Huntziger (35e).

1. Weygand, « Foch et l'École de guerre », *op. cit.*

Foch tente d'en connaître le plus grand nombre en se faisant accompagner dans ses promenades matinales à cheval par l'un d'entre eux. Trop heureux s'il a pu atteindre le pont d'Iéna sans s'être fait renvoyer à l'École, pour insuffisance dans les réponses aux questions dont Foch le presse, le stagiaire en tire une ironique vanité. Un de ses élèves évoquant ses souvenirs de 1908-1910 écrit [1] :

> « Le général jouissait déjà auprès de nous du prestige qui s'attachait à son nom et à l'enseignement qu'il avait précédemment donné ... et qui avait fait grand bruit ... il nous intimidait par son prestige, sa haute autorité et la hauteur de son commandement. Impressions qui se modifièrent par la suite quand nous réalisâmes que ... le général cachait une grande bonté et un souci constant de notre formation militaire, non seulement en complétant le modeste bagage de nos connaissances tactiques mais aussi et peut-être surtout en s'efforçant de fortifier en nous la personnalité, le caractère et l'esprit de décision ... nous comprîmes mieux sa pensée dont la forme parfois elliptique nous avait un peu dérouté au début. »

Cours et professeurs

Foch succède à Maunoury déjà divisionnaire. Il est assisté par un commandant en second directeur des études, un sous-directeur des études, un adjoint à la direction des études et instructeur d'infanterie, un officier d'ordonnance. Sous les ordres d'un major, des services assurent le fonctionnement de l'École : santé, soins vétérinaires, matériel, trésorerie, bibliothèque. L'enseignement n'a pas changé depuis les années où il était lui-même stagiaire de 1885 à 1887. Douze « cours obligatoires » sont assurés par des professeurs assistés d'adjoints en nombre variable. Ils portent toujours sur : histoire militaire, stratégie, tactique générale, tactique appliquée d'infanterie, de cavalerie, d'artillerie et matériel militaire ; fortifications ; service d'état-major, aérostation, droit international ; géologie et géographie ; administration ; équitation, allemand ; mobilisation ; chemins de fer ; hygiène et service de santé, marine. Un « cours facultatif » de russe est délivré par un professeur au Collège de France.

Parmi ces professeurs, certains ont déjà une réputation assise : Maud'huy en histoire militaire, stratégie, tactique générale ; Fayolle en artillerie, pendant dix ans ; Pétain, qualifié de « Précis le sec » par les stagiaires, en tactique appliquée d'infanterie. Foch n'intervient pas dans leur enseignement, même s'il ne partage pas leurs vues. Il les note cependant.

1. Weygand, « Foch et l'École de guerre », *op. cit.*

L'appréciation qu'il porte sur Pétain, dont l'indépendance d'esprit en matière de doctrine offensive était connue, est citée comme preuve soit de respect de l'indépendance de chaque professeur, soit de hauteur de vue... soit encore d'indifférence pour un système qu'il souhaitait réformer : *D'une élévation de sentiments, d'une droiture de caractère peu ordinaires, d'une intelligence très nette et très précise, d'une méthode rigoureuse, d'une conscience à toute épreuve, d'un sens tactique très juste et d'une connaissance profonde de son arme, Monsieur le lieutenant-colonel Pétain développe à l'École un enseignement de premier ordre à tous points de vue... à nommer sans retard au grade de colonel.*

Pétain est promu le 31 décembre 1910. Malgré les interventions de Lanrezac, de Franchet d'Esperey, de Sarrail, il n'accède pas aux étoiles avant 1914, en raison de l'opposition de Messimy et, semble-t-il, de la réserve de Joffre[1].

Élargissements d'horizon : la troisième année et les rencontres entre alliés

Voulant prolonger l'enseignement donné aux stagiaires, jusque-là destinés aux états-majors de divisions et de corps d'armée, par une formation complémentaire à l'intention des futurs « aides » des commandants d'armée, Foch expérimente une troisième année d'École pour les quinze premiers sortants. Il leur fait suivre les cours de sciences politiques, découvrir les rouages de l'industrie, visiter les sites ferroviaires et portuaires, étudier les fortifications. Lui-même dirige un exercice de décision d'état-major en temps réel.

L'expérience, jugée trop prématurément élitiste, n'est pas reconduite. Toutefois, dès 1911, elle revit sous la forme d'un Centre des Hautes Études Militaires, le *CHEM* ou « Cours des maréchaux », réservé à des officiers supérieurs choisis par le haut-commandement sans être tous brevetés. Weygand, remarqué par Joffre lors d'une d'inspection de l'école de Saumur pour en avoir renouvelé l'instruction, en suit les cours.

Dans ses *Mémoires,* Foch relate les contacts établis avec ceux qu'il qualifie de « notabilités importantes de plusieurs armées étrangères », sans évoquer pour autant ni l'alliance franco-russe, ni l'Entente cordiale, ni même la Triple Entente. Plus que sur le commandement de l'École, il s'attarde sur les relations nouées alors avec les Russes et les Britanniques

1. Guy Pedroncini, *Pétain le soldat et la gloire*, Perrin, 1989. Pétain, stagiaire à l'ESG (14e promotion), y enseigne de 1901 à 1911.

dont il estime la détermination et les moyens, alors que s'appesantit la menace de guerre.

À diverses reprises, il reçoit une mission russe conduite par le chef de l'Académie Nicolas, le général Tcherbatchef, qui le fait inviter par Nicolas II aux manœuvres de 1910. Souverain d' « une droiture à toute épreuve », le tsar n'a pas la stature d'un Pierre le Grand pour faire face aux défis de la modernisation. Foch en revient convaincu de la détermination du souverain, mais peu confiant dans la solidité de son empire. L'impression donnée par la résolution anglaise était tout autre. Des relations très vite amicales s'établissent entre les commandants de l'École française de guerre et celui de l'École d'état-major de Camberley qui deviendra le Field-Marshall Wilson chef de l'état-major impérial. Invité aux manœuvres de 1910, Foch y rencontre le roi George V. À son tour, il convie Wilson aux manœuvres du 20e corps d'armée à Nancy. Un des derniers textes qu'il ait signé, en 1929, fait l'éloge de celui qui, en 1908, avait fait irruption dans son bureau[1].

De bonne heure, Wilson... *s'était rendu compte de la nécessité qui amènerait la France et l'Angleterre à unir leurs forces pour pouvoir tenir tête à la puissance militaire que l'Allemagne mettrait en ligne. C'est dominé par ces préoccupations qu'il était entré en relations avec moi. Je rencontrai en lui, dans une absolue droiture de relations, une profondeur de prévisions et une largeur de vues impressionnantes, en même temps qu'un patriotisme constamment en éveil et un attachement sans borne à son Pays. Il devait rester jusqu'à son dernier jour un de mes plus solides amis...*

*

Le 2 août 1911, Foch prend à Chaumont le commandement par intérim de la 13e division d'infanterie. Nommé général de division le 29 septembre, il atteint le grade le plus élevé de la hiérarchie militaire ; celui où, par lettre de commandement, on pouvait être placé à la tête d'un corps d'armée. Le 17 décembre 1912, le commandement du 8e corps à Bourges lui échoit. Il reçoit celui du 20e corps à Nancy, le 11 août 1913.

Sans rattraper totalement son retard de carrière, cette nomination le place aux avant-postes d'une guerre désormais probable. Il la doit au général Joffre, chef d'état-major de l'armée depuis le 28 juillet 1911. Polytechnicien lui aussi, Joffre n'en était pas moins le contre-modèle de Foch. Le pesant sapeur colonial s'opposait en tout au fringant artilleur

1. *Journal du Maréchal Sir Henry Wilson*, publié par le major général C.E. Calwell, édition française par le commandant Lhopital, ancien officier d'ordonnance du maréchal Foch, Préface du maréchal Foch, Payot, 1929.

métropolitain. L'un avait des idées sur la guerre et les avait fait connaître après les avoir enseignées ; l'autre prétendait ne pas en avoir : « À quoi bon être intelligent et savant ? Le principal est que je sache m'entourer de gens intelligents et savants et, à l'occasion, que je les écoute[1]. » Coquetterie d'un non breveté qui, entré à 17 ans à l'École polytechnique, avait participé à la défense de Paris en 1870, dirigé des travaux de fortification ou de siège au Tonkin puis à Formose, s'était emparé de Tombouctou, avait fortifié Diego Suarez et enfin commandé le 5e régiment de Génie, dit d'exploitation militaire des chemins de fer.

Foch « va à la messe » ? Joffre l'agnostique, qui passait pour franc-maçon mais ne l'était plus, ne voulait tenir compte que des mérites et des capacités. N'avait-il pas imposé Castelnau, calotin et monarchiste ? Foch prit ainsi place dans le premier mouvement de relève du haut-commandement, qui ne fut pas le moindre des mérites du chef d'état-major de l'armée, commandant en chef désigné. L'avait-il retenu pour ses idées ? Plus probablement pour sa réputation d'homme de caractère, capable de les mettre en œuvre, sinon de les imposer.

1. Michel Goya, « Joffre… », *Les militaires qui ont fait la France* (sous la dr. de F. Fanet et J.-Ch. Romer), Le Cherche Midi, 2008.

PENSER LA GUERRE – ÉCRIRE LA GUERRE

LE THÈME traité par Jean Guitton en 1976, « La pensée et la guerre chez Foch », sous-tend la lecture des *Mémoires*[1]. Il peut s'entendre de trois manières à vrai dire proches l'une de l'autre : la confrontation des idées exprimées et des réalités vécues, l'adaptation du penseur aux faits, la mise en œuvre d'une doctrine par celui qui l'a enseignée. Étant entendu que, quelle que soit l'approche retenue, la spécificité et la finalité de l'action envisagée restent identiques. C'est, d'une part, le passage de la paix à la guerre ou encore la responsabilité de décisions impliquant la vie ou la mort de centaines de milliers d'hommes. C'est, d'autre part, la notion de l'enjeu : le rang de la patrie et la survie de valeurs universelles.

Un ouvrage déséquilibré

Avant d'ouvrir les *Mémoires*, il convient de ne pas oublier que quatorze années séparent la rédaction des deux ouvrages de doctrine de Foch du début de la Grande Guerre. Durant cette période, sa réflexion a évolué au rythme des conflits et des alliances, des crises internes et des tensions internationales, de l'alternance des temps de commandement et d'état-major, des progrès techniques et des nouvelles philosophies. Le réseau de ses relations avec ses homologues des armées alliées s'est également étendu. En 1914, le commandant du 20e corps d'armée a soixante-trois ans ; le professeur à l'École de guerre, au début du siècle, en avait cinquante[2].

La construction des Mémoires

Souligner ce décalage ne suffit pas, car les *Mémoires* ont été rédigés après la guerre, dans les années vingt et publiés après sa mort en 1931.

1. Jean Guitton, « La pensée et la guerre chez Foch », *Centenaire de l'école supérieure de guerre 1876-1976*, actes du colloque. Du même, *la Pensée et la Guerre*, Desclée de Brouwer, 1969. L'ouvrage analyse l'impact du fait atomique sur la philosophie du risque absolu.
2. Photographies de Foch, lieutenant-colonel (vers 1900) et général de brigade (vers 1908-1909), *Mémoires*, T. I.

Qu'il les ait écrits lui-même est néanmoins prouvé par de nombreux fac-similés photographiques de ses manuscrits corrigés, placés d'ailleurs dans ce but au fil des pages. En réalité, vingt ans séparent le temps professoral du temps mémorial. Les années de guerre, la négociation du Traité de Versailles, la contestation de ses clauses, pèsent lourd sur l'interprétation d'un vieil homme.

Les *Mémoires* comprennent deux tomes, privés d'index mais accompagnés de nombreux croquis et photographies. Le tome premier débute par un « Avant-propos » d'une trentaine de pages (IV-XXIX) justifiant le rappel sommaire du passé de « celui qui a écrit » (des pages dont il a été fait usage dans les chapitres précédents). Suit une introduction que Foch intitule curieusement « Préface » (1-24) et qui présente l'armée française en août 1914 ; telle du moins que la repense l'auteur. Suivent trois parties correspondant à trois périodes bien distinctes malgré leur enchaînement rapide : Le 20e corps d'armée (25 juillet-28 août 1914), Le commandement de la 9e armée (29 août-4 octobre 1914), La bataille des Flandres (sans précision de date, mais en fait octobre 1914-avril 1915). Chaque étape correspond à de nouvelles fonctions, sans que Foch cesse d'opérer en subordonné, doté il est vrai d'un pouvoir croissant d'initiative : commandant de corps d'armée, adjoint du général en chef. La table des matières détaille, paragraphe par paragraphe, le contenu de chaque chapitre.

Un même ordonnancement caractérise le tome second, composé d'un « Avant-propos de l'éditeur » et d'une seule quatrième partie dont le titre est révélateur de l'accession de Foch à la responsabilité suprême : « Le commandement en chef des armées alliées ». Elle compte quinze chapitres présentés, dans la table des matières, de manière aussi détaillée que dans le tome premier. Cette quatrième partie couvre les neuf derniers mois de la guerre, de l'entrevue de Doullens le 26 mars 1918 à l'armistice de Rethondes le 11 novembre. La période précédente, d'avril 1915 à mars 1918, est cependant évoquée dans l'« Avant-propos de l'Éditeur » (p. I-LVIII). La relation de ces vingt-trois mois de guerre, soit deux ans d'un conflit qui en compte plus de quatre, n'est pas due à Foch. Selon Weygand, elle doit être attribuée au commandant de Mierry[1].

Les douze cartes du tome premier, les quatre du tome second appellent peu de remarques, sinon l'absence de table. Rejetées sous forme de

1. Jean Martin Gallevier de Mierry (1880-1965), Saint-Cyr (1900-1902), officier de cavalerie, capitaine au choix (mars 1914), É.-M. de Foch (1916-1928) sauf temps de commandement et École de guerre (1919-1920). Général de division d'infanterie, 1940. En captivité (1940-1945). Cité à l'ordre de l'armée le 12 février 1917, chevalier de la Légion d'honneur le 17 avril 1917, commandeur le 30 juin 1943. On lui doit de nombreux articles dans la *Revue de France*. Voir la *bibliographie* proposée par le lieutenant-colonel R. Porte.

dépliants en fin de chaque volume, elles obéissent aux lois de représentation du terrain et des grandes unités en présence en vigueur au début des années trente : hachures pour figurer les principaux reliefs, traits continus pour marquer les déplacements datés des fronts, fléchage des axes d'effort, numérotation des armées en présence. Assez pour suivre le déroulement des opérations là où Foch commandait ; insuffisantes pour suivre l'évolution générale de la guerre.

Les illustrations photographiques, dix-huit pour le tome premier, vingt-quatre pour le second, également dépourvues de table, suscitent une interrogation et appellent quelques observations. Qui les a choisies ? Le lecteur découvre l'abondance justificative, déjà signalée, des fac-similés de pages écrites et corrigées par le maréchal. Foch figure sur presque toutes les autres photographies, toujours accompagné de Weygand. La comparaison entre les silhouettes des généraux britanniques et français ne manque pas de piquant, tandis que l'évolution de l'uniforme de ces derniers témoigne d'un décalage de mentalité. Foch tarde à adopter le bleu horizon et reste longtemps fidèle à la tenue noire de son arme d'origine. Son visage marque parfois la fatigue ; il se tasse mais ne s'alourdit pas. Un de ces documents photographiques le montre à cheval, à son entrée à Strasbourg, le 26 novembre 1918, saluant dans un brouillard crépusculaire « la statue du général Kléber avec le propre sabre de lieutenant de Bonaparte ».

De la puissance allemande

Pour Foch, dans son introduction-préface, si l'Allemagne avait été consciente de ses véritables intérêts, elle n'aurait pas déclaré la guerre : « En quelque vingt ans de paix le monde se fût trouvé germanisé, l'humanité ligotée ». Les formules employées sont celles des années vingt, ressassées par Foch avant comme après Versailles : ambitions mondiales de l'Allemagne, soif de domination, militarisation, adoption du système prussien fondé sur la guerre comme « industrie nationale ». En 1914, pour l'Allemagne, la Force crée le Droit : *Deutschland über Alles.*

La France, en revanche, ne voulait pas la guerre. « Mais pour faire honneur à sa signature », elle était résolue à intervenir si ses alliés étaient attaqués[1]. La preuve en était son silence à propos des provinces perdues et sa modération lors des incidents de Schnœbelé, de Tanger, d'Agadir, de

1. Thèse soutenue par le doyen P. Renouvin, pour qui la France redoutait de se retrouver isolée à une autre échéance, si elle ne soutenait pas la Russie « lâchée » en 1908.

Saverne. Mieux, elle avait ramené la durée du service militaire de cinq à deux ans pour revenir à trois, en 1913, lorsque la menace s'était précisée : *Seul un pareil danger pouvait décider à la guerre un gouvernement démocratique, assez éclairé pour mesurer la grandeur des sacrifices et l'ampleur du cataclysme qu'une guerre européenne devait entraîner dans la vie des peuples*. La démonstration en avait été faite, dans la seconde quinzaine de juillet 1914, par le voyage présidentiel en Russie, la mise en vacance du Parlement, les permissions accordées aux officiers.

L'ultimatum de l'Autriche à la Serbie le 23 juillet, son intransigeance, le soutien de Berlin avaient cependant révélé l'imminence du conflit. Et Foch d'enchaîner par l'exposé chronologique de la rupture. L'Allemagne ayant pris la main, avait exigé de la France, pour gage de sa neutralité, la livraison de Toul et Verdun puis envahi la Belgique le 2 août. Pour elle : *il n'y avait qu'à marcher résolument et rapidement en se faisant précéder de la terreur et accompagner de la dévastation.*

Devant les forces allemandes, allait se dresser « l'armée française dans le même état moral que la nation entière ». On aurait envie de reproduire la totalité des pages consacrées à « l'armée de la République », reconstruite après 1870, régénérée par le service personnel obligatoire, un intense « travail de préparation à la grande guerre », un savoir professionnel et un entraînement physique accrus, l'acceptation de l'effort dans les formations de réserve comme dans l'armée d'active.

En définitive et notamment pour qui a connu les armées du Second Empire, l'armée de la République était devenue, par un travail opiniâtre de tous, un supérieur instrument de guerre, animée au plus haut degré du sentiment du devoir, résolue à assurer à tout prix le salut du pays ... En présence de l'armement moderne, ces vertus suffiraient-elles ?

Néanmoins, trois faiblesses frappaient cette armée, au demeurant commandée par un généralissime « hautement doué », secondé par des généraux d'armée heureusement renouvelés disposant d'états-majors de valeur. La première résultait, jusqu'au niveau des corps d'armée, d'un avancement dû au sectarisme politique. La deuxième était l'esprit d'offensive systématique, aussi bien en tactique qu'en stratégie, résultant de la méconnaissance de la puissance du feu aussi bien que de l'exaltation des forces morales mal comprises entraînant l'oubli des principes de la guerre. Troisième cause enfin, l'insuffisance de l'artillerie lourde due au refus de dépenses budgétaires nouvelles. La lucidité de l'analyse, même rétrospective, vaut qu'on la signale.

Une lecture au second degré ?

Comme tous les exercices de ce type, les *Mémoires* ne disent rien que ce que l'auteur veut que l'on connaisse de son rôle et ne sont pas exempts d'arrière-pensées justificatives. Foch prétend, pour sa part, limiter son exposé aux opérations qu'il a commandées en grand subordonné puis comme commandant en chef des armées alliées. Ce qui, ajouté à l'absence de jugements sur les hommes côtoyés, militaires et politiques, et à la rareté des appréciations sur les décisions du pouvoir ou du commandement, a pu faire dire que l'ouvrage manquait d'intérêt pour l'histoire de la Grande Guerre entendue comme un tout.

C'est relativement vrai pour le tome premier, malgré l'exposé des difficultés de la coordination opérationnelle franco-anglaise. Ce l'est beaucoup moins pour le tome second. On y lit, en effet, de nombreuses considérations sur les conséquences de la défection russe. On y trouve aussi l'explication des délais de mise en ligne des unités américaines. On y relève également de fréquentes observations sur la nécessaire accélération de la livraison des matériels. Foch passe de plus en plus souvent du domaine des opérations à celui de la guerre. C'est plus évident encore, en octobre 1918, lorsqu'il présente les conditions à imposer aux Allemands avant tout armistice.

Les *Mémoires* ont-ils été inspirés par le désir de démontrer, inconsciemment peut-être, que les décisions du commandant en chef des armées alliées n'étaient pas en contradiction avec l'enseignement du chef d'escadron Foch à l'École de guerre ? Transposant dans des conditions nouvelles sa théorie de la bataille décisive, il expose comment il voulait ébranler l'adversaire par un enchaînement d'offensives lui interdisant tout rétablissement. Comment il entendait ainsi priver le commandement adverse de tout répit lui donnant la possibilité de reconstituer un instrument de contre-offensive. Comment son exigence de tenir le Rhin avant tout armistice répondait à cette logique de paralysie du pouvoir ennemi.

La Lorraine, la Marne, les Flandres

Tel est le titre qui aurait pu être donné au tome premier des *Mémoires*. Il aurait eu pour avantage de rendre compte du changement survenu en moins de six mois dans la conception de la guerre et l'extension du front. Il aurait éclairé le rôle charnière de la bataille de la Marne, aussi bien dans le déroulement du conflit que dans la carrière de Foch, qu'il ne saurait être question ici de résumer ou de paraphraser. On ne saurait cependant taire son parti pris d'ignorer ce qui n'est pas sa participation directe aux opérations. Comme s'il estimait superflu de rappeler un contexte supposé connu de tous.

Le 20e corps d'armée dans la bataille de Lorraine

Comme toutes les grandes unités de l'armée française, le 20e corps d'armée applique les dispositions prises du 26 au 31 juillet par le gouvernement. Dans les dix jours qui suivent, il assure seul, dans le secteur de Basse Meurthe, la couverture de la 2e armée dont Castelnau prend le commandement le 6 août, moins de 48 heures après la déclaration de guerre. Sur ce dernier, sa carrière, la confiance que lui accorde Joffre, rien n'est dit. Rien non plus sur l'ordre de bataille des armées françaises, leurs chefs, leur rôle dans l'accomplissement du plan XVII[1]. Et pas davantage sur la concertation stratégique franco-russe.

La description du théâtre d'opérations de Lorraine offre un exemple parfait de géographie militaire. Elle précède l'analyse de la bataille livrée par la 2e armée passant de l'offensive à la fixation ; un modèle de compte rendu d'opérations. Deux observations attirent l'attention : le rôle de la reconnaissance aérienne, l'efficacité des tirs préréglés de l'artillerie lourde allemande hors de portée de l'artillerie française de campagne. Dans de telles conditions, l'infanterie ne peut donner l'assaut avec succès : CQFD. Sur l'arrêt de l'offensive, le matin du 20, Foch note que *le général commandant la 2e armée avait justement apprécié la situation, mesuré tout le danger.*

Muet sur l'échec du plan XVII comme sur les défaillances des autres corps et leur interprétation polémique, Foch se contente de signaler *la belle attitude du 20e corps d'armée à la bataille et durant la retraite* qui s'effectue les 20 et 21 août. Le 22, une brigade de la 21e DI couvre la retraite du 15e corps à l'ouest de la Meurthe. Le 23, participant à l'opération de renforcement des défenses du Grand Couronné, le 20e corps se replie en deçà de la Meurthe. Les 24, 25, 26, la 2e armée manœuvre afin de prendre de flanc la progression ennemie en direction de la trouée de Charmes. Castelnau reprend l'offensive le 28. Le jour même Foch est appelé au Grand Quartier Général.

Dans « l' affaire de Morhange », les 19 et 20 août, le chef du 20e corps a-t-il désobéi ? « Ayant reçu l'ordre de se fortifier sur place, Foch avait néanmoins au petit matin suivant lancé ses troupes à l'attaque alors que des forces adverses supérieures en effectifs et matériel avaient le même

1. De droite à gauche (d'est en ouest) : 1re Dubail, 2e Castelnau, 3e Sarrail, 4e Langle de Cary, 5e Lanrezac en liaison sur sa gauche avec le Corps expéditionnaire anglais de French.

dessein. Pris en flagrant délit de manœuvre, son corps d'armée avait beaucoup souffert et on comprend la fureur de Castelnau… » Vertement tancé, Foch l'aurait traité non moins durement plus tard. « De là a daté une aversion réciproque et une volonté de bloquer l'ascension aux honneurs de Castelnau[1]. » L'anticléricalisme n'aurait donc pas été la seule cause du refus du bâton de maréchal au « capucin botté » ?

L'accusation, déjà lancée dans les années vingt, aurait fait long feu en raison du prestige du vainqueur de 1918. On peut toutefois s'interroger sur la décision de Joffre de confier au fautif, si faute il y a eu, de plus importantes responsabilités. Aurait-il ignoré ou minimisé sa désobéissance ? Foch n'évoque pas l'affaire, sinon indirectement par un retard de réception de l'ordre de Castelnau. Il se livre d'ailleurs à de longues considérations sur la bataille de Lorraine élogieuses pour son chef … et lui-même. *Si nous n'avons pas battu l'aile gauche des armées allemandes nous l'avons réduite à l'impuissance et au repliement.*

À la tête de la 9e armée : les marais de Saint-Gond

Certains de ses thuriféraires présentent Foch comme l'homme clé de la bataille de la Marne, celui qui a tenu aux Marais de Saint-Gond, au centre de gravité du dispositif français. Ne lui doit-on pas le compte rendu d'opérations resté célèbre, encore que parfois mis en doute : « Ma droite est enfoncée, ma gauche cède, tout va bien, j'attaque » ? L'histoire-bataille donne lieu parfois à des images d'Épinal. Pourquoi s'en plaindre ? Mieux vaut les interpréter. Le cri de guerre prêté à Foch, car c'en est un, a l'avantage de donner une explication de son choix par Joffre. C'est à l'homme de caractère que le général en chef a fait appel et non au théoricien de la guerre.

« *J'emmène avec moi le lieutenant-colonel Weygand du 5e Hussards ; il va me servir de chef d'état-major pendant toute la guerre.* » Rien d'autre sur celui qui, imposé par Joffre, a traduit pendant quatre ans, en instructions applicables les pensées fulgurantes de son chef, lui est resté attaché jusqu'en 1923 et s'est fait son biographe jusqu'aux limites de l'hagiographie. Foch prend aussi avec lui le lieutenant-colonel Devaux, un fantassin qui avait été son élève (26e promotion, 1900-1902). Il complète son état-major par le commandant Naulin et l'officier interprète Tardieu, dont il ne dit rien de la carrière passée et future. Rien non plus à propos du docteur André, professeur à la faculté de Nancy, mobilisé comme médecin mili-

1. André Bach, « Foch Ferdinand », *Les militaires qui ont changé la France*, p. 241-242.

taire et qui ne le quittera plus, veillant sur une santé parfois affectée par des crises rénales surmontées par une constante maîtrise de soi[1].

Le 28 août à 18 heures, Foch se présente au grand quartier général installé à Vitry-le-François, ignorant tout de la situation de la Somme aux Vosges. *La situation était certainement angoissante, encore pleine de périls et pour le moins d'incertitude. Le général commandant en chef gardait heureusement une admirable impassibilité.* Au GQG, *malgré la série des nouvelles fâcheuses, parvenues depuis le 20 août notamment on ne sentait nulle trace d'agitation, de désarroi, encore moins d'affolement. L'ordre, le sang-froid, la décision y régnaient d'une façon absolue.*

Le matin du 29, il reçoit le commandement d'un détachement d'armée à constituer entre la 5e armée à sa gauche et la 4e à sa droite. S'en suivent la création du détachement d'armée constitué sous son commandement, une reprise en mains des grandes unités éprouvées qui le composent, le rétablissement des liaisons avec la 5e armée, enfin un mouvement en retraite imposé par les poussées de la IIIe armée allemande. Le 5 septembre, le détachement d'armée devient la 9e armée. À la charnière du dispositif, Foch doit opérer par basculement entre les deux armées qui l'encadrent. Sa mission est de tenir les débouchés sud des Marais de Saint-Gond et le plateau de Sézanne ; un front de 35 km. Répondant à l'attente de Joffre, il a concilié avec méthode efficacité et rapidité.

Foch consacre à la bataille de la Marne, et au rôle de la 9e armée, l'un des plus longs chapitres des *Mémoires* (I, p. 101-164). Il en fait le récit journalier, du 6 au 12 septembre, avec le même souci de précisions sur le terrain, le rapport des forces, l'action de chacun de ses corps d'armée, voire de ses divisions. En quelques mots, il résume ses instructions tactiques : *Engager l'infanterie en faible proportion, l'artillerie sans compter, et transformer immédiatement toute occupation en organisation défensive.* À la cavalerie de couvrir son dispositif au plus loin et de maintenir la liaison avec les 5e et 4e armées. Du 10 au 12 septembre, la bataille continue de succès locaux en succès locaux et la poursuite s'engage. Foch fait son entrée à Châlons le 12. Il a conscience de la lourdeur des pertes subies et de l'épuisement des troupes, hommes et cadres. Le haut commandement aurait dû cependant, juge-t-il, exploiter plus vigoureusement le succès remporté. Le bien-fondé stratégique du plan général d'opérations du 11 septembre n'en est pas moins avéré. Ordre est donné aux 9e, 4e, 3e armées d'attaquer à l'est, tandis que la 6e et les forces britanniques opèreront à l'ouest. Au centre, la 5e armée marchera au nord, prête à

1. Jean Autin, *Foch... op. cit.*, p. 235.

basculer sur sa droite ou sa gauche. Après une courte progression, la 9e armée se heurte les 13 et 14 septembre à un système défensif qu'elle ne peut ébranler malgré une succession d'attaques lancées du 15 au 25. Les Allemands « font tête », mais leur contre-offensive échoue le 26. C'est, du 27 septembre au 4 octobre, « l'arrêt » des opérations. Les Alliés sont sur la défensive de l'Oise à la frontière suisse.

Promu grand officier de la Légion d'honneur le 18 septembre, Foch dresse un constat. L'armée française, imprégnée de conceptions de guerre héritées du passé, s'est heurtée à des positions préaménagées. Elle n'a pu opposer que son artillerie de campagne à l'artillerie lourde de l'adversaire, et des fusils à ses mitrailleuses. Sobrement, il n'en fait pas moins l'éloge de Joffre. Le commandant en chef a su reconnaître ses erreurs, remanier son plan et son dispositif, renouveler l'encadrement des grandes unités.

Une fois de plus, les grands sentiments d'une armée, reflétant le légitime état d'âme d'une nation en guerre et judicieusement mis en œuvre par le commandant en chef, avaient créé un événement historique. C'était la Marne.

Pour autant, il n'oublie pas le prix payé par les combattants. Son fils, l'aspirant Germain Foch, et son gendre, le capitaine Paul Bécourt, sont morts le même jour, le 22 août. Il ne l'apprend que le 13 septembre. Le 22, il écrit au général Millet : ... *je me raidis sur ce chapitre pour ne pas manquer à mon devoir, mais non sans peine* [1].

Des Flandres à la Somme

La convocation de Foch au GQG, le 4 octobre 1914, marque le début d'une nouvelle étape dans sa carrière, la plus longue et la plus déterminante. Elle a duré vingt-sept mois et lui a donné, en fait, un commandement interallié préparant indirectement sa nomination au poste de commandant en chef des armées alliées en 1918. Pour la suivre, il convient de compléter les VI chapitres de la troisième partie du tome premier (p. 167-274), qu'il a lui-même rédigés pour la période allant d'octobre 1914 à avril 1915, par la synthèse des vingt mois qui suivent (p. III-XXV) dressée par le commandant de Mierry au début du tome deuxième. Après avoir porté le titre d'Adjoint au commandant en chef, Foch a été nommé, le 6 janvier 1915, au commandement des armées du Nord. Il exerce cette fonction jusqu'à son rappel le 27 décembre 1916, sans qu'elle lui confère

1. Jean Autin, *Foch... op. cit.*, p. 235.

une quelconque autorité sur les forces anglaises et belges opérant dans ce secteur.

Adjoint au commandant en chef

Convoqué dans l'après-midi du 4 octobre 1914, Foch se présente au GQG à 16 heures à Romilly-sur-Seine. Toujours le souci de la précision horaire qu'il s'agisse d'un ordre, d'un télégramme, d'un appel téléphonique, d'un déplacement en automobile par chemins défoncés. À son départ de Châlons, il n'était informé de la situation générale « que vaguement par les communiqués journaliers » ; ce qui ne manque pas d'étonner pour un commandant d'armée.

Joffre le met au courant de la situation et de son intention. Déplaçant le gros de ses forces d'est en ouest, il a pour objectif d'envelopper l'aile droite des armées allemandes ou, à tout le moins, de s'opposer à l'enveloppement de sa propre aile gauche. Ce qui devrait permettre aux forces anglaises de se regrouper à la gauche du dispositif français au contact de l'armée belge repliée autour d'Anvers. Les deux adversaires tentent, l'un et l'autre, un débordement dont l'échec met fin sur le front occidental à la guerre de mouvement. Il en résulte une « Course à la mer » qui n'était pas l'objectif réel des deux progressions parallèles.

En présence de certaines hésitations ou incertitudes manifestées dans le commandement de quelques-unes de nos forces de cette région, comme aussi des accords à faire avec les Alliés, il me chargeait d'aller dans le Nord prendre sans retard la direction de nos affaires et de cordonner nos opérations avec les armées alliées. J'aurai le titre d'adjoint au général en chef.

Autant que le mot direction, et non commandement, ce titre inhabituel surprend. Il s'explique par l'impossibilité de donner à Foch une autorité sur des armées étrangères. Il témoigne aussi de la volonté de Joffre de « pousser » Foch. Le 24 septembre, dans une lettre au ministre de la Guerre, le commandant en chef a remis en cause la désignation de Gallieni comme son successeur éventuel : « … parmi les commandants d'armée, le général Foch a affirmé sa supériorité incontestable au point de vue caractère et conception militaire. Je demande qu'une lettre de service lui soit adressée le désignant comme mon remplaçant éventuel. Dans le cas où le gouvernement accepterait cette proposition, je prendrai le général Foch auprès de moi comme *ad latus…* ».

Le 21 novembre, Joffre informe Foch de l'accord de principe du gouvernement. Ce qui, probablement, ne va pas sans susciter quelques mouvements d'humeur parmi ses pairs. Foch n'en dit rien. Une lettre à Joffre, le 19 novembre 1914, le montre toutefois installé en esprit dans sa position de successeur désigné. Le front étant stabilisé, il communique ses réflexions au commandant en chef ; un véritable condensé doctrinal.

Envisageant cette situation et celle de la frontière russe, je la résume comme suit... Le plan fondamental allemand consistait à détruire l'adversaire de l'ouest en débordant son aile gauche d'Ypres à la mer avant de se retourner contre l'adversaire de l'est, l'armée russe. La première partie du programme est cassée. Les Allemands n'ont pu tourner notre aile gauche ni nous détruire. Bien mieux nous sommes en parfaite condition matérielle et morale pour les attaquer...

Quant aux directions à donner à nos attaques, je dis : les destinées de l'Europe se sont toujours réglées en Belgique jusqu'à Waterloo... Nous y aurons toujours la collaboration des Anglais et des Belges à condition de les entraîner... Une forte attaque par notre gauche pour commencer, une forte attaque par notre droite pour finir...

Je reste fidèle à la théorie pure, de la destruction des forces ennemies qui règlera tout ; à l'idée que nos opérations sont à maintenir dans la direction la plus militaire ; que c'est la direction par laquelle nous gagnerons le plus de territoire et pourrons tenir le plus haut nos revendications à la condition bien entendu de poursuivre notre effort militaire sans trêve ni merci.

Le 17 janvier 1915, Joffre et lui sont victimes d'un accident. La gravité du choc subi par le commandant en chef inspire des inquiétudes suffisantes pour que Foch demande au ministre de la Guerre ce qu'il aurait dû faire dans le cas où le général Joffre aurait été dans l'impossibilité d'exercer son commandement. Il lui est répondu que, en pareille hypothèse, rien n'est changé dans la désignation de Gallieni. Déception de Foch, qui, dans ses *Mémoires,* quinze ans plus tard, exécute son rival d'alors.

Malgré sa haute intelligence et son indiscutable valeur, il n'avait en janvier 1915 encore pris qu'une faible part à la guerre, notamment à la bataille des tranchées. C'est trop facilement que les hommes de cabinet jugent les hommes de guerre. Ceux-ci ne valent et ne se mesurent que sur le champ de bataille aux résultats qu'ils obtiennent.

L'enchaînement des batailles

Les titres des chapitres, couvrant cette période, rendent compte des efforts des Alliés pour empêcher les Allemands de percer leur front afin de séparer les Français des Anglais : « La manœuvre du Nord », « La bataille de l'Yser », « La bataille d'Ypres », « Les événements sur le reste du front des armées du Nord ». Un cinquième, « Coup d'œil d'ensemble sur la bataille des Flandres », en dresse le bilan que suit « Premières tentatives alliées contre le front fortifié allemand ».

D'octobre 1914 à avril 1915, Foch assume sa position de Grand Subordonné, strict observateur de discipline intellectuelle. Ayant enseigné la subordination absolue au généralissime, seul responsable de la conduite des opérations devant le pouvoir, il doit à la fois en appliquer les directives et les faire accepter par les Anglais et les Belges. La stratégie opérationnelle française est alors dépendante de trois facteurs : le niveau de puissance atteint en France même par les Alliés, les fluctuations du front oriental, les susceptibilités des gouvernements français, anglais et belge en matière de commandement de leurs armées. Certains, voulant ignorer ces contraintes, ne tardent pas à murmurer que Joffre manque d'audace.

C'est dans ces conditions que Foch doit livrer des « batailles », bien différentes de cette « bataille décisive » en fonction de laquelle son enseignement avait été conçu. Le front qu'il couvre, sur plus de 150 kilomètres, s'étend de Nieuport, sur la mer du Nord, à Ribécourt, non loin des sources de la Somme à quelques kilomètres en amont de la jonction de l'Oise et de l'Aisne. Du sud au nord, s'étagent les 2e et 10e armées françaises. Les 1re et 2e armées anglaises, aux ordres du maréchal French, prennent position à leur gauche. Les restes de l'armée belge, regroupés autour de leur roi, sont encore en territoire national autour d'Anvers. Par la suite, le tracé du front varie peu malgré les changements subis par l'ordre de bataille en raison de l'arrivée de renforts britanniques, du repli belge sur l'Yser, de la manœuvre des réserves françaises dans laquelle excelle Foch, combinant tous les moyens de transport, les chemins de fer principalement. Il en joue autant selon les nécessités tactiques du moment que pour prouver la solidarité interalliée.

On est frappé, une fois de plus, par la précision des détails qu'il donne avant de tirer des « enseignements ». La nature du théâtre d'opérations fait l'objet de fréquents développements, assortis de notations sur le climat, saison par saison. Il pleut souvent dans ce plat pays où il est impossible de creuser des tranchées dans un sol détrempé. Le combattant en souffre ; le tacticien se préoccupe de l'état des chemins, s'accroche à un remblai de chemin de fer comme seul obstacle possible, ouvre les digues à défaut d'édifier la moindre fortification de campagne. Un paragraphe du chapitre III, « La bataille d'Ypres », s'intitule : « Les adversaires et le terrain ». Et toujours reviennent le récit détaillé des opérations, jour après jour, heure par heure souvent, le décompte des kilomètres voire des centaines de mètres perdus ou gagnés, la liste des positions abandonnées puis reprises au prix de lourdes pertes. Foch ne manque jamais de rendre hommage à l'abnégation quotidienne des combattants.

Bilan et enseignements en avril 1915

Les Alliés ont cédé à l'ennemi la Belgique tout entière et le Nord de la France. Lille, Lens, Douai, Cambrai, Péronne sont occupés. En revanche, Amiens, Arras, Armentières, Ypres, Nieuport ont été sauvés. Ce qui importe surtout c'est l'établissement d'un front continu que l'adversaire, n'a pas réussi à percer. Ainsi couverts, les ports de Dunkerque et Calais continuent à servir de relais entre les forces anglaises et leurs bases insulaires.

Dressant un premier bilan en novembre, Foch n'a pas hésité à juger la bataille des Flandres tout aussi « décisive » que celle de la Marne. Encore et toujours, les *Mémoires* proposent des enseignements. On peut, une fois de plus, rétorquer qu'ils ont été rédigés une dizaine d'années après les faits. « Facile de dégager des conclusions après coup… », serait-on tenté d'écrire, n'était la lettre de Foch à Joffre, du 19 novembre 1914, soulignant…

La puissance que la défensive avait acquise par le développement des feux, l'emploi de la mitrailleuse en particulier. L'offensive n'avait pas encore grandi dans la même proportion. Il allait en résulter cette longue période de stagnation des armées l'une en face de l'autre, dans laquelle on a vu une nouvelle nature de la guerre, la guerre de position, opposée à la guerre de mouvement tandis qu'elle n'était qu'un aveu d'impuissance… le matériel avait pris dans la lutte une importance capitale. En réalité pour rendre à l'offensive tout son élan, il nous faudra plus que décupler le nombre de nos canons d'artillerie lourde et la quantité de nos munitions de tous calibres, systématiser les tirs de notre artillerie ; il nous faudra avec des engins blindés, rechercher et détruire les mitrailleuses ennemies… l'allure de la guerre résulte des engins et des matériels dont elle dispose, de l'aviation et du développement de la guerre chimique… Que n'y a-t-il pas à attendre dans les luttes de l'avenir du progrès ?

Relance et remaniements

À la fin de 1914, Foch propose cependant de passer à l'offensive entre Ypres et Arras. Il s'en explique par une considération de stratégie globale. Un basculement des forces allemandes vers le front oriental étant probable, les Franco-Britanniques se doivent de lancer une opération d'envergure afin de les fixer à l'ouest. Un plan que Joffre approuve et complète par une directive d'attaque simultanée en Flandres et en Champagne. Foch pense donc en termes de stratégie interalliée.

Les attaques lancées dans la région d'Ypres, les 14 et 16 décembre, s'enlisent au sens propre du terme et prennent fin le 19. Les opérations conduites dans la région d'Arras n'aboutissent pas davantage. La boue et l'organisation défensive allemande expliquent les échecs alliés. *Il nous fallait au plus tôt demander à notre industrie les matériels pour les réduire… là étaient les seules possibilités de relancer la guerre en avant, tout au moins sur le front d'occident.*

Au nord, à l'est de Nieuport, Foch a également lancé son corps de cavalerie afin d'interdire à l'ennemi de progresser au sud d'Ostende et, ainsi de couvrir au plus loin les liaisons avec l'Angleterre. La côte, constituée de dunes, échappe aux inondations de l'Yser ; elle se prête à cette opération soutenue par une flottille anglaise et une artillerie d'accompagnement. L'action entreprise permet une installation au-delà de l'Yser. Une nouvelle offensive échoue le 28 janvier : les défenses allemandes, les conditions climatiques, la nature du terrain l'emportent sur le courage des troupes franco-belges. Nouvelle leçon et fin symbolique d'un type de guerre.

Le remaniement du dispositif allié qui accompagne cette opération ne répond pas aux désirs britanniques pour trois raisons : opposition entre conceptions de guerre, lenteur de la montée en puissance des forces anglaises, supériorité de l'organisation défensive allemande. Le retard du compromis qui en résulte témoigne des difficultés d'une stratégie interalliée.

Le gouvernement britannique désirait reporter toutes ses forces à la gauche des armées françaises afin de combiner opérations navales et terrestres contre Ostende. Pour Foch, soutenu par French, c'était sacrifier la lutte terrestre, seule déterminante, au profit de la guerre navale. Le maintien d'un détachement français, entre la gauche anglaise et la droite belge, matérialise l'option Terre. Les renforts britanniques tardent et les fabrications de guerre outre-Manche ne progressent que lentement. Néanmoins, la 1re armée britannique attaque le 10 mars et s'arrête le 12 sur les positions conquises.

Les cartes exposant la situation les 5, 12, 17, 23 octobre visualisent les enjeux, les intentions de manœuvre, les résultats acquis en moins d'un mois car tout a été question d'heures, de jours, de semaines. Elles donnent à réfléchir sur les rapports d'un espace défini au temps d'exécution des opérations. Le croquis simplifié fixant « Le dispositif général des forces alliées dans le Nord en avril 1915 » autorise un bilan territorial, sous réserve de le comparer à celui figurant la situation le 5 octobre précédent.

Persuader pour commander

Adjoint au général commandant en chef, ou commandant le Groupe des armées du Nord, Foch n'a pas autorité sur les armées anglaise et belge.

Il doit persuader leurs chefs de coordonner leurs actions avec les siennes, dictées par Joffre en fonction du déroulement des opérations sur les fronts oriental et occidental. Il doit donc convaincre ses partenaires du bien-fondé de ses propositions tout en tenant compte de leurs observations. Les raisons de son succès se résument en peu de mots : rigueur de la démonstration, respect de ses interlocuteurs, équitable répartition des efforts. L'adéquation de ses propositions à la situation, la netteté des plans proposés, sa maîtrise de la manœuvre des réserves révèlent un *professional* tel que les apprécient les officiers de Sa Majesté également sensibles à son souci de la tenue en toute circonstance ; un *gentleman officer*. Les officiers de son état-major, Weygand le premier, sont à son image.

De plus Foch connaît personnellement Lord Roberts, Sir Henry Wilson et bien d'autres généraux britanniques. Pareilles relations s'expliquent toutefois par des causes plus profondes. Les Anglais ont conscience que la guerre contre l'Allemagne est « leur » guerre avant d'être une guerre franco-allemande, que les plages de la mer du Nord constituent la ligne avancée de la défense du *British Empire*. Prononçant, en 1919, un discours devant les élèves de l'Université de St Andrew, Sir Douglas Haig déclarera[1] :

> « Bref, à tous les stades de cette grande lutte dont nous sommes finalement sortis victorieux, notre courage fut accru et notre résolution affermie par la conviction que nous combattions non seulement pour nous-mêmes et pour notre Empire mais pour un idéal mondial dans lequel Dieu était avec nous. Nous livrions des batailles pour une forme de civilisation plus haute, dans laquelle le devoir envers le prochain occupe une place plus importante que le devoir envers soi-même, contre un Empire rassemblé et magnifié par l'épée, efficace assurément, mais d'une efficacité que n'adoucissait aucun sentiment chevaleresque ni de responsabilité morale envers le faible. »

Des phrases que Foch aurait pu assurément écrire.

Les relations avec les Belges, repliés sur l'Yser à la fin de l'hiver, n'ont pas toujours été faciles. Elles se sont améliorées et les « conseils » de Foch sont écoutés dès lors que, dans la forme, ils respectent l'indépendance de décision d'un allié meurtri. Installée sur un lambeau de territoire national, appuyée au nord par un détachement français défendant Nieuport, l'armée belge a repris du mordant par des opérations de détail sans grands résultats, mais qui ont relevé son moral. Témoignage *de la grandeur d'un*

1. Discours cité par son fils, le capitaine Haig, dans l'avant-propos de l'ouvrage : *Les carnets secrets du maréchal Douglas Haig 1914-1919* présentés par Robert Blake, Presses de la Cité, Paris, 1964. L'édition anglaise est de 1952.

petit pays triomphant, sous la chevaleresque direction de son roi et par la vaillance de ses enfants, de la plus violente et de la plus inique des agressions.

D'avril 1915 à décembre 1916

Force, on l'a dit, est de se contenter des vingt-deux pages que le commandant de Mierry consacre à cette longue période. Elles traduisent, à n'en pas douter, la pensée de son chef. Il n'est pas interdit, non plus, de supposer que Weygand a relu son ancien adjoint. Selon le procédé adopté dans le tome premier, les titres des paragraphes figurant dans la table des matières donnent le suivi des opérations. On peut d'ailleurs imaginer que le plan du chapitre avait été établi et les matériaux rassemblés par Foch.

Sur le théâtre d'opérations qui s'étend de l'Oise à la mer du Nord se succèdent ce qu'il est convenu d'appeler la bataille d'Artois en 1915 et la bataille de la Somme en 1916. Elles ont trois caractères communs : associer les armées françaises et anglaises ; entraîner des pertes énormes, jamais énumérées ; ne pas aboutir à la percée attendue.

En 1915, Foch prépare une offensive en Artois avec pour objectif la crête de Vimy, au nord d'Arras, dont la conquête devrait permettre « la percée de la ligne ennemie ». Elle est devancée, le 22 avril, par une attaque allemande au nord du saillant d'Ypres. Français et Canadiens sont contraints au repli. Foch, ayant rétabli la continuité de son front, revient à son intention première. Son offensive, bien que préparée par d'intenses bombardements (six jours par l'artillerie lourde, deux par l'artillerie de campagne), n'aboutit qu'à un succès local annulé par la reprise de la côte 140 par l'ennemi. Le 24 juin, les opérations sont suspendues sur ordre de Joffre à qui Foch, le 19 juillet, communique ses conclusions :

Dans les circonstances actuelles, devant un établissement de longue durée de l'ennemi, il paraît sage de ne pas fonder toutes nos espérances, ou risquer toutes nos forces disponibles, sur l'idée d'une trouée décisive et victorieuse, par la puissance du nombre, mais bien de comprendre dans notre plan la conquête de certains points importants du terrain, d'orienter en conséquence ce plan, de fixer à chacune de nos attaques un but, un objectif susceptible de rendement.

En d'autres termes conquérir des bases pour des offensives nouvelles, car la bataille décisive résultera de la somme de batailles successives. La pensée est désormais fixée. Vimy est une de ces bases. Or, pour le commandant en chef, la décision doit être recherchée en Champagne, où une rupture du front adverse semble possible. La relance de l'offensive en Artois n'est plus calculée que comme une aide à l'opération champenoise.

Les deux offensives commencent simultanément le 25 septembre. En raison des succès remportés en Champagne, Joffre décide de réduire les opérations en Artois malgré les quelques succès initiaux remportés. À la mi-octobre, l'envoi de renforts en soutien de l'armée serbe met fin aux attaques en Artois. Le 10 octobre 1915, nouveau rapport de Foch :

La campagne de 1915 est restée sans résultats par manque de munitions d'artillerie lourde... l'artillerie de tranchée est à développer, à rendre mobile, à instruire... nos obus incendiaires et nos obus asphyxiants ne donnent que de faibles résultats.

La succession d'obstacles rencontrés par l'offensive sur sa route amènera une inévitable succession d'attaques. Elle imposera à l'offensive de durer et de se poursuivre un certain temps pour arriver à ses fins. Au lieu d'une action violente et brusque de courte durée, c'est donc une action suivie, une série d'efforts aussi rapprochés que possible évidemment, qu'il nous faut entrevoir.

Les 6 décembre 1915 et 21 janvier 1916, Foch insiste : *C'est au total une série d'actes successifs comportant chacun beaucoup d'artillerie, peu d'infanterie.*

Désormais, l'opinion et le pouvoir attendent une victoire rapide. En raison du renforcement du corps expéditionnaire britannique, c'est au nord que Joffre décide de porter son effort principal. L'offensive est programmée au cours d'une conférence interalliée tenue le 14 février à Chantilly. Prévue pour le 1er juillet, elle sera lancée sur un front s'étendant d'Arras à la vallée de l'Oise. Les Anglais, désormais commandés par Haig, attaqueront au nord de la Somme, les Français au sud. Foch arrête son plan le 16 mars. Une note sur « La bataille offensive » rappelle les fondements tactiques de toute opération de ce type, tels que le général en chef les a fixés... d'après ses propres conclusions. Ce que ni Foch en 1916, ni Mierry dix ans plus tard, ne peuvent écrire. Le stratège s'y affirme tacticien.

La profondeur du terrain battu par l'artillerie fixe l'espace que l'on peut assigner à la conquête par l'infanterie... la conquête de positions ennemies échelonnées en profondeur est une opération de longue haleine qui doit être conduite méthodiquement et poursuivie jusqu'à ce que la capacité de résistance de l'ennemi ait été brisée par la désorganisation morale, matérielle et physique, sans que notre capacité offensive soit épuisée... Lorsque l'ennemi, ses réserves épuisées, ne nous opposera plus de défenses organisées et continues, alors seulement on pourra abandonner le mode d'action méthodique... et chercher à poursuivre les opérations par le combat associé à la manœuvre, devenue enfin réalisable en champ libre...

L'attaque allemande sur Verdun, le 21 février, porte un coup d'arrêt au projet français d'offensive sur la Somme. Le 16 avril, puis le 20 mai, Joffre réduit les moyens mis à la disposition de Foch. Fin juin, la diminution de la pression allemande sur Verdun permet enfin d'engager la bataille de la Somme. Elle dure du 1er juillet au 15 novembre 1916. Dix-sept divisions alliées, lancées contre un système fortifié établi en deux lignes principales de résistance sur quatre à cinq kilomètres de profondeur, progressent du 2 au 20 juillet. Toutefois, les Britanniques ralentissent leur poussée dans l'attente de renforts, de canons et surtout de nouveaux engins d'attaque, les *tanks*. Les attaques alliées reprennent le 3 septembre, remportant de réels succès alors que les contre-attaques allemandes échouent à la fin du mois. Pourtant, les offensives lancées en octobre piétinent, avant même que de rapides dégradations climatiques rendent les opérations encore plus difficiles.

Inspirée et coordonnée par Foch, en entente amicale avec Haig, la bataille de la Somme n'a pas permis de percer. Toutefois, dans l'histoire générale de la Grande Guerre, on oublie trop souvent qu'elle a privé les Allemands des forces qui leur auraient été utiles à Verdun. Durant l'été, alors que les Français dégageaient Verdun, l'Entente a remporté d'autres succès, importants sans être décisifs. La *Navy* a neutralisé la flotte allemande, les Russes ont repoussé les Autrichiens, également mis à mal par les Italiens.Les Alliés estiment dès lors pouvoir l'emporter sur le front occidental en 1917.

*

Le 15 novembre, Joffre expose son plan d'action au cours d'une nouvelle réunion interalliée à Chantilly. Il n'aura pas à l'appliquer, car il est relevé de son commandement le 16 décembre. Son élévation à la dignité de maréchal de France le 26, sur proposition de Lyautey, ministre de la Guerre, tente d'atténuer ce désaveu. Dans la nuit du 15 au 16, un télégramme est parvenu à l'état-major du Groupement d'armées du Nord : « Le général Foch est remis à la disposition du Ministre ». L'attribution de la médaille militaire accompagne son rappel. Vainement Joffre a fait valoir « qu'il était éminemment regrettable, à tous points de vue, de se priver des services de ce grand soldat »[1].

1. Maréchal Joffre, *Mémoires*, T. II, Mon départ, p. 428-442.

COMMANDANT EN CHEF

PENSER la guerre, alors qu'on ne commande plus ? Penser la guerre, lorsqu'on commande en chef et qu'on doit décider ? De janvier 1917 à novembre 1918, Foch continue à penser la guerre ; à la penser en fonction de la bataille décisive, condition de la victoire. Dans des conditions différentes toutefois : de janvier 1917 à mars 1918, il conseille ; de mars à novembre 1918, il commande en chef. La première de ces périodes, on l'a dit, a été traitée par le commandant de Mierry. Il a rédigé lui-même la seconde : l'entrevue de Doullens, la bataille de France, la préparation et la conclusion de l'armistice.

Disgrâce ou mise en réserve ?

Nivelle, remarqué pour ses succès devant Verdun après la victoire défensive de Pétain, a été mis à la tête des armées françaises. Comme Foch, il est polytechnicien, artilleur, breveté. Est-il gêné par le sort réservé à son ancien ? Convaincu de sa valeur ? Cède-t-il aux recommandations de Joffre ? Foch, loin d'être « limogé », est maintenu dans la zone des armées, à Senlis, où il lui est demandé un plan d'opérations dans l'hypothèse de la violation de la neutralité helvétique. De la fin janvier à la fin mars 1917, il assure le commandement par intérim du Groupe d'armées de l'Est. Du 8 au 15 avril, il est en Italie, où il rencontre le général Cadorna avec qui il examine l'envoi éventuel de renforts français et britanniques. La disgrâce paraît bien relative. Le 2 avril, l'entrée en guerre des États-Unis n'est pas mentionnée[1]. Impasse aussi sur l'échec de l'offensive d'avril ; le silence a sans doute été dicté par Foch. Il faut recourir à Weygand pour connaître ses réserves sur le plan Nivelle[2].

Le 15 mai 1917, Painlevé, ministre de la Guerre, le nomme chef d'état-major général. Le même jour, Pétain remplace Nivelle à la tête des

1. Yves-Henri Nouailhat, *La France et les États-Unis, août 1914-avril 1917, Sorbonne, 1979.* André Kaspi, *Le temps des Américains 1917-1918, Sorbonne, 1976.*
2. Weygand, *Foch, op. cit.*, p. 151-156.

armées françaises. On n'a donc pas choisi Foch pour lui succéder, lui préférant le vainqueur de Verdun. N'exerçant aucun commandement opérationnel, il occupe la fonction de conseiller du gouvernement. Ce qui lui vaut de participer aux conférences interalliées. L'Entente traverse alors une crise générale. À l'Est, la propagande révolutionnaire mine l'armée russe. Dans les Balkans, la Roumanie et la Grèce attendent des secours. À l'Ouest, les Français et les Anglais sont sur la défensive, malgré l'arrivée des premiers contingents américains. Un apport encore trop faible pour reprendre l'initiative ; le général Robertson, chef d'état-major impérial, en convient le 8 juin.

Le 26 juillet, Foch se place dans l'hypothèse d'une défection russe, permettant aux Allemands et aux Autrichiens de transférer leurs moyens sur le front occidental. Les Franco-Anglais seraient-ils en mesure de faire face ? Seulement à quatre conditions : se tenir sur la défensive, accélérer le transport de l'armée américaine, prévoir l'acheminement de troupes prélevées sur les fronts secondaires, *réaliser l'unité d'action sur le front occidental à l'aide d'un organe militaire permanent interallié qui étudiera ou préparera le mouvement rapide des troupes d'un théâtre sur l'autre...* On ne peut poser plus explicitement sa propre candidature.

L'évolution de la situation confirme ces inquiétudes. Elle conduit Foch à penser la guerre dans une dimension vraiment mondiale, de l'Atlantique au Pacifique. L'abandon de la lutte par les Bolcheviks l'incite à demander une intervention des Américains et des Japonais en Sibérie orientale, afin d'empêcher tout transfert de moyens vers la Russie défaillante, d'y créer des bases pour ceux qui luttent contre le nouveau pouvoir, d'interdire à l'ennemi l'accès au Pacifique. Sa priorité reste cependant l'Ouest, incluant le front italien.

L'ennemi attaque en Italie le 21 octobre. C'est la déroute de Caporetto. Pétain envoie quatre divisions et une formation d'artillerie lourde, Robertson tergiverse. Foch, bien que convaincu de la capacité de redressement de l'armée italienne, s'efforce de le convaincre de la nécessité d'une manifestation de solidarité alliée. Envoyé par le gouvernement français, il traite avec Cadorna, *Commando supremo*, comme en 1914 avec French. Toujours le système de persuasion, seul possible, mais consommateur de temps.

Foch rencontre le roi, le président du Conseil Orlando, les membres de son gouvernement. Les 5 et 6 novembre à Rapallo, il présente la situation aux chefs des gouvernements italien, anglais et français à qui, toujours en accord avec Robertson, il propose une réorganisation du haut commandement italien. Un comportement de chef militaire interallié, qu'il n'est pas..., pas encore. Seul, un Conseil supérieur de la guerre est créé. Il réunit les Premiers ministres français, anglais, italien qui s'adjoignent un état-major consultatif. Foch (remplacé par Weygand), Wilson, Cadorna sont désignés ; le général américain Bliss se joint à eux. Les événements de l'automne 1917 ont donc fait resurgir la question d'un commandement unique qu'aucun gouvernement, soucieux de souveraineté nationale, ne veut accepter.

Après avoir conseillé le nouveau *Commando supremo*, le général Diaz, Foch rentre en France le 23 novembre pour y décider des conditions d'emploi des contingents américains. Il était admis qu'ils seraient engagés en grandes unités, commandées par des généraux américains. Foch, pourtant favorable à cette formule qui respecte l'identité nationale, se résout à demander leur insertion par régiment ou bataillon dans des divisions françaises ou britanniques. L'urgence de renforts oblige.

L'attente d'un « chef suprême » est exprimée par Pétain le 18 novembre, le lendemain de la formation du gouvernement Clemenceau, devant le Comité de guerre français. Foch revient indirectement à la charge le 1er janvier 1918, devant les représentants militaires alliés à qui il propose un plan général d'opérations supposant l'existence d'un chef pour les coordonner. Sans plus de succès, Weygand tente de convaincre les experts militaires. Foch s'adresse à nouveau aux chefs de gouvernements alliés réunis du 30 janvier au 2 février. Il insiste *sur la nécessité d'avoir un plan défensif de Nieuport à Venise qui puisse, selon les circonstances, se transformer en plan offensif, total ou partiel, ... répondre à plusieurs attaques ennemies déclanchées sur différentes armées alliées, d'où la nécessité de combiner entre eux les moyens de défense de ces armées.* Un véritable harcèlement, justifié il est vrai.

Clemenceau et Bliss le soutiennent. Lloyd George s'oppose, tout en faisant accepter la création, sous la présidence de Foch, d'un Comité exécutif, dépendant du Conseil supérieur de la guerre. Pétain joue le jeu ; il met huit divisions à la disposition du nouvel organisme, alors que Haig déclare n'en pouvoir distraire aucune. Le 4 mars, constat d'échec : *Le Comité exécutif ne se sent pas en mesure de continuer sa tâche ...* À Londres, le 14, Lloyd George et Clemenceau estiment suffisant un accord de soutien mutuel entre les commandants en chef anglais et français. Le 15, Foch tente encore d'élever le débat au plan de la conduite générale des opérations.

Commandant en chef : Doullens (26 mars 1918)

« Le général Foch est chargé par les gouvernements britannique et français de coordonner l'action des armées alliées sur le front ouest. Il s'entendra à cet effet avec les généraux en chef qui sont invités à lui fournir tous les renseignements nécessaires. »

Dans les faits et pour l'histoire, le commandement en chef des armées alliées et associées est créé par cette déclaration de Lord Milner et Georges Clemenceau signée le 26 mars 1918 à Doullens. Il a fallu trois ans et demi de guerre et la crainte d'un désastre pour prendre une telle décision.

Le 21 mars, entre la Scarpe et l'Oise, les Allemands ont attaqué avec succès les Britanniques, toujours dans l'intention de les séparer des Français et de les amener à traiter avant l'arrivée massive des Américains. Informé de l'imminence de l'offensive, le Conseil supérieur de la guerre, on l'a vu, s'était réuni à Londres les 13, 14 et 15 mars, pour étudier la création d'une réserve générale que Foch avait vainement demandé de la placer sous l'autorité d'un commandant unique, dégagé des préoccupations des commandants en chef des armées française et anglaise : couvrir Paris pour Pétain ; défendre Calais pour Haig.

La situation confirmant le 24 la crainte d'une rupture, Foch insiste à nouveau sur la nécessité d'un organe *entièrement et uniquement consacré à la conduite de la guerre allié*. Le même jour, Haig demande la venue en France du chef d'état-major impérial, le général Wilson, en vue de la nomination d'un commandant unique pour le front ouest. Lord Milner, envoyé personnel de Lloyd George, est déjà arrivé à Paris.

Deux conférences se tiennent le 25. À Compiègne, en présence de Milner, Poincaré, Clemenceau, Loucheur et Foch, Pétain déclare ne pouvoir engager en soutien des Anglais que les quinze divisions promises car il doit barrer la route de Paris dans la vallée de l'Oise tout en se couvrant en Champagne. Pour Foch, la priorité est à la consolidation du front franco-britannique. À Abbeville, où Weygand rencontre Wilson et Haig, ce dernier propose sa nomination au commandement interallié. Le soir même, à Paris, Milner propose à Foch de devenir le conseiller technique de Clemenceau chargé « d'assurer une coopération plus étroite des armées et la meilleure utilisation de toutes les réserves disponibles ». Foch se contenterait de « la mission d'assurer le maximum de coopération entre les deux commandants en chef », comme en 1914 pendant la bataille d'Ypres.

Le 26 à Doullens, l'accord sur la nécessité de sauver le nœud ferroviaire d'Amiens est immédiat. Foch présente son plan : ne plus reculer, activer l'arrivée des réserves et les appliquer à la soudure des armées alliées. Milner propose de lui confier la direction des opérations. Alors que Clemenceau voudrait limiter sa mission « autour d'Amiens », Haig en demande l'extension à l'ensemble du front de France qui est alors acquise. Que Foch ait voulu ce commandement, qu'il s'y soit préparé et qu'il l'ait préparé ne fait aucun doute. À l'issue de la conférence, Clemenceau, caustique comme à son habitude, lui déclare : « Et bien, vous l'avez votre situation tant désirée ! »[1].

La création d'un commandement interallié et le choix de Foch résultent donc d'une proposition des Britanniques. La crainte d'un désastre l'a emporté sur leur amour-propre national. Seul un Français, en raison du déséquilibre des forces, pouvait recevoir une telle fonction, incompatible cependant avec celle d'un commandement national ; ce qui excluait Pétain. Restait Foch qui, dès avant la guerre, avait établi d'excellents rapports avec ses homologues britanniques, les avait confortés dans les Flandres et sur la Somme et avait toujours manifesté une vision interalliée de la guerre.

Son autorité est confirmée à Beauvais, le 3 avril, par les représentants des gouvernements français, anglais et américain qui lui confient la direction « stratégique » des opérations militaires et en laissent la conduite « tactique » à chacun des commandants en chef, avec droit d'appel à son gouvernement si son armée « se trouve mise en danger par toute instruction reçue du général Foch ». Le 2 mai à Abbeville, Orlando accepte « l'extension des pouvoirs de coordination du général Foch » au front italien. En revanche le 3 juillet, arguant de la constitution de son pays, le chef d'état-major de l'armée belge refuse d'avaliser la transformation d'une mission de coordination en fonction de direction stratégique ; simple position de principe. Déjà, le 14 mai 1918, Foch a été nommé Commandant en chef des armées alliées en France. « La guerre est une affaire trop sérieuse pour qu'on la confie aux militaires », aurait dit un jour Clemenceau. Même en situation désespérée ?

La victoire des armées alliées

La bataille qu'engage Foch, dès le 26 mars 1918 dans l'après-midi, se déroule sans discontinuer jusqu'au 11 novembre. Elle oppose, sur un front de 350 kilomètres, de la mer du Nord à la Meuse, les armées française, anglaise, belge et américaine à l'armée allemande de l'ouest commandée par le maréchal Hindenburg, dont Ludendorff est le premier quartier-maître général[2]. Elle décide de l'issue de la guerre quelle que soit l'impor-

1. Parmi les nombreux récits celui du général Mordacq, chef du cabinet militaire de Clemenceau, *Le commandement unique, comment il fut réalisé*, Tallandier, 1929.
2. Hindenburg, *Aus Meinem Leben, Ma vie*, traduit de l'allemand par le capitaine Kœltz, préface du général Buat, Lavauzelle, 1921.

tance des théâtres extérieurs : Italie, Balkans, Proche-Orient. Foch obtient la victoire en deux étapes : du 26 mars au 14 juillet, il résiste partout et consolide le front franco-britannique ; à partir du 18 juillet, il lance des attaques successives d'un bout à l'autre du front. Toutefois, le 15 juillet, il s'est laissé surprendre.

Cette bataille en deux temps est toujours une bataille d'hommes, d'où les nombreuses pages consacrées aux effectifs, malgré le rôle accru des matériels et des armements : canons, gaz toxiques, avions et surtout, du côté allié du moins, chars. En raison de la pratique constante du déplacement des réserves, c'est aussi une bataille des transports, ferroviaires et routiers. Dans sa dernière phase, elle est caractérisée par la corrélation entre négociations et combats.

Le 21 mars 1918 sur le front de Saint-Quentin, le 9 avril sur la Lys, le 27 mai au Chemin des Dames, les Allemands ont réalisé d'importants gains territoriaux. Ordonnant de tenir sur place, Foch a évité la rupture entre les Anglais de Haig et les Français de Pétain. Ludendorff reste, de son côté, déterminé à l'emporter avant l'entrée en ligne massive des armées américaines de Pershing en juillet. Son plan est d'en finir avec les Anglais dans les Flandres après avoir repoussé les Français au sud de la Marne.

Bien renseigné par son 2e Bureau, Pétain a fait accepter une tactique « défensive-offensive » : évacuation rapide de la première ligne de défense constituée de nids de mitrailleuses, résistance d'artillerie sur la seconde, contre-attaque de flanc utilisant massivement les chars. Les Allemands n'en réussissent pas moins à créer la surprise le 15 juillet. Ils établissent une tête de pont sur la rive gauche de la Marne, mais échouent sur les Monts de Champagne. Inquiétude à Paris, agitation à la Chambre où l'on demande le rappel de Pétain et de Foch. Solidaire, Clemenceau sauve leur tête. Les *Mémoires* ignorent les prolongements parlementaires de l'affaire, ne parlent pas de surprise, banalisent le succès allemand ramené à une étape après d'autres vers le redressement français.

Foch préfère insister sur le succès de la contre-offensive qui marque le début de la bataille décisive. Le 18, une contre-attaque de chars débouche de la forêt de Villers-Cotterêts. Menacé par les Français sur sa gauche, Ludendorff n'est plus en mesure d'attaquer les Anglais sur sa droite. Faute d'effectifs, il estime ne plus pouvoir « vaincre avant l'arrivée des Américains » mais espère encore contraindre les Franco-Britanniques, épuisés d'après lui, à une paix de compromis.

Foch estime, lui, la victoire possible en raison de l'arrivée des Américains et de sa propre supériorité aérienne et blindée. D'où, le 24 juillet, son plan d'attaques répétées destinées à créer les conditions d'une offensive générale. Début août, le Conseil supérieur de la guerre, tout en réaffirmant la priorité du front français, donne l'ordre de passer à l'offensive sur tous les autres théâtres d'opérations. Le 7 août, sur proposition de Clemenceau, Foch est fait maréchal de France ; témoignage de la confiance retrouvée.

Le 8 août, les Britanniques créent la surprise : « jour de deuil pour l'armée allemande ». Le 21, ils attaquent en direction de Cambrai ; le front adverse est percé le 2 septembre. Du 17 août au 3 septembre, les Français progressent entre l'Oise et l'Aisne. Ludendorff se résigne à donner l'ordre de repli sur la position Hindenburg, de Saint-Quentin à La Fère. Foch, résolu à ne pas laisser l'ennemi se ressaisir, décide d'exploiter dans trois directions : Mézières, Valenciennes, Bruges. Le 26, les Franco-Américains attaquent avec succès en Champagne et en Argonne. Il en va de même pour les Anglo-Franco-Belges devant Ypres. Sur les fronts extérieurs, les Alliés l'emportent également. Le 28 septembre, Ludendorff exige de son gouvernement une demande immédiate de paix.

De Gaulle a superbement dressé la synthèse de la bataille de France dans *La France et son armée* :

> « Foch se présente. La fortune, à point nommé, lui offre un jeu garni d'atouts. On voit mal ce qu'eussent donné ses plans et ses élans sans l'instrument agencé par Pétain, l'armée de Haig, les effectifs de Pershing, le matériel accumulé dans le camp des alliés. Mais lui appartiennent en propre : l'honneur de s'être imposé, le mérite d'avoir su risquer les enjeux suprêmes, la gloire d'une affaire menée par gradation, sinon jusqu'au triomphe du moins jusqu'à la victoire. »

Négocier ou imposer un armistice ?

En Allemagne, les Quatorze points de Wilson ont laissé espérer une issue honorable par une paix négociée sur la base d'une évacuation des territoires conquis à l'Ouest, l'Alsace-Lorraine exclue car Terre d'Empire, contre le maintien des avantages acquis à l'Est. Contacté le 6 octobre, le président des États-Unis exige, le 8 en préalable, l'évacuation des territoires occupés à l'Ouest.

Dès lors, Foch se bat sur deux fronts : il intensifie son offensive générale, tandis qu'il s'impose comme expert au Conseil supérieur de la guerre à qui il fait admettre les conditions d'un armistice, établies par concertation avec Haig et Pétain. Il demande l'évacuation de tous les pays envahis, y compris l'Alsace-Lorraine ; la création de trois têtes de pont sur la rive droite du Rhin ; l'occupation de la Rhénanie au titre de garantie des réparations à obtenir. Le 14, le président Wilson exige des Allemands « le maintien de la présente supériorité des armées des États-Unis et des Alliés sur le champ de bataille ». Le 26, Ludendorff démissionne.

Le 31, se tient une réunion intergouvernementale chez le colonel House, envoyé du président Wilson. L'Autriche-Hongrie, l'Empire ottoman, la Bulgarie sont hors de cause. En Allemagne, s'installe un climat révolutionnaire. « Est-il préférable de continuer la guerre ou de traiter ? », questionne House. Pour Foch, il faut traiter si les conditions des Alliés sont acceptées : ... *le but étant atteint nul n'a le droit de faire répandre une goutte de sang de plus.*

Le 5 novembre, c'est au commandant en chef, et non aux chefs de gouvernements alliés, que le président Wilson exige que se présente une éventuelle délégation ennemie. Au militaire donc et non à des dirigeants démocratiquement élus ! Paradoxe pour un président américain. Ayant conduit les armées alliées et associées à la victoire, et soutenu par leurs commandants respectifs, Foch a fait accepter ses vues par les politiques y compris par le président des États-Unis qui a mené seul les négociations avec le pouvoir allemand. Et c'est lui qui reçoit les plénipotentiaires allemands, civils et militaires, leur imposant le 11 novembre à Rethondes, sans admettre la moindre discussion, les dispositions déjà arrêtées[1].

Fallait-il acquérir la victoire non par la négociation mais par une dernière offensive ? La polémique a longtemps persisté, entretenue par les partisans de Pétain privé d'une victoire spectaculaire. Une offensive franco-américaine devait en effet être lancée le 14 novembre. Elle aurait repoussé les armées ennemies au-delà des frontières et donné aux Allemands la preuve de leur défaite militaire, empêchant les nationalistes de l'attribuer aux menées révolutionnaires qui auraient déstabilisé l'État et l'armée. Il est vrai que, politiquement, l'argument a été exploité très vite outre-Rhin. À gauche comme à droite, on a salué les soldats qui rentraient « invaincus des champs de bataille ». En réalité, les défaites ont précédé les soulèvements et les ont provoqués ; et non l'inverse.

Mais que vaut une rigoureuse démonstration historique contre une interprétation qui répond à l'attente d'une opinion humiliée ? Foch s'en est expliqué, trop brièvement peut-être. Il a signé pour trois raisons. Il représentait non pas la France mais une coalition qui avait décidé de mettre fin aux combats. Le but de guerre était atteint dès lors que le Reich capitulait, car les clauses de l'armistice de Rethondes avaient été imposées

1. Général Weygand, de l'Académie française, *Le 11 novembre*, Flammarion, 1932.

et non négociées. L'offensive, en raison des capacités de résistance de l'armée allemande, aurait provoqué des pertes supplémentaires sans rien apporter de plus. Pour lui, c'était l'établissement de trois têtes de pont sur la rive droite du Rhin, paralysant militairement le pouvoir allemand, qui assurait la victoire[1].

1. Pierre Renouvin, *11 novembre 1918, l'Armistice de Rethondes*, NRF, « Trente journées qui ont fait la France », Gallimard, 1968. Chap. XIII, « l'armistice a-t-il été prématuré ? ». Plus nuancé que Guy Pedroncini, *Pétain…*, *op. cit.*, ch. 3, 1, « L'offensive de Lorraine et l'armistice prématuré », Pierre Renouvin souligne combien les capacités résiduelles de l'armée allemande étaient généralement surestimées.

INUTILE CASSANDRE

LE PROPRE d'un Cassandre n'est pas de n'être pas entendu[1]. C'est d'avoir raison et de lasser ceux qu'il interpelle et qui, en leur for intérieur, reconnaissent qu'il a raison. Tel a été le rôle de Foch pendant la décennie 1918-1929. « C'était à vous de faire la guerre ; ce n'était plus à vous de faire la paix », déclare Poincaré à l'occasion de sa réception à l'Académie française le 5 février 1920. Pour l'avoir oublié, le maréchal est devenu rapidement plus qu'importun, gênant[2].

Dès la signature de l'armistice, les interventions de Foch s'ordonnent en fonction d'une idée force : garantir la sécurité de la France par un ensemble de mesures, militaires et diplomatiques, empêchant l'Allemagne de redevenir une puissance en mesure de remettre en cause le jugement des armes tel qu'elle l'a accepté à Rethondes et qu'elle conteste bientôt. Foch se montre d'autant plus exigeant que l'alliance russe est morte, le soutien américain remis en cause, l'alliance anglaise soumise à condition.

Tenir le Rhin est une condition nécessaire, elle n'est pas suffisante. D'où la complémentarité de ses notes, et de ses discours. Les unes alertent les autorités alliées sur les conséquences prévisibles des abandons consentis, avant comme après la signature du Traité de Versailles. Les autres, à l'étranger comme en France, célèbrent les sacrifices consentis par tous. Ils lui donnent surtout l'occasion de réaffirmer la nécessité de veiller au respect des traités garants de la paix mondiale et de maintenir des alliances de plus en plus compromises.

Pour les gouvernements français du Bloc national (novembre 1919-mai 1924) ou du Cartel des gauches (mai 1924-avril 1928), ce censeur semble parfois n'être plus qu'un représentant prestigieux dont le testament paraît dans la *Revue de Paris*, le 1er janvier 1928, sous le titre « Le malaise mondial ».

1. Chateaubriand, *Mémoires d'outre-tombe*, T. III, Flammarion, 1948, p. 665 : « Inutile cassandre, j'ai assez fatigué le trône et la patrie de mes avertissements dédaignés... ». Discours à la Chambre des Pairs, le 7 août 1830.
2. Pour la mise en place du rôle de Foch durant cette période : *Histoire militaire de la France*, *op. cit.*, T. III, chap. XII, H. Dutailly, « Les illusions de la victoire ».

De Rethondes à Versailles

Conclu pour 36 jours, le 11 novembre 1918, l'armistice est renouvelé en décembre 1918, janvier et février 1919, puis prolongé par tacite reconduction jusqu'à la fin de l'état de guerre, le 10 janvier 1920, date de l'entrée en vigueur du Traité de Versailles signé le 28 juin 1919. Durant ces quatorze mois, Foch conserve le commandement des forces alliées dans les territoires occupés où, seul intermédiaire qualifié entre les gouvernements alliés et les autorités allemandes, il contrôle l'exécution des clauses militaires de l'armistice. Le retrait des troupes allemandes à l'est du Rhin s'effectue dans les délais et en bon ordre ; les têtes de pont sont occupées sans incident. En revanche, les livraisons d'armes ne vont pas sans retards ni dissimulations. Deux épisodes témoignent de son autorité : la livraison de la flotte de commerce allemande aux Anglais, le transit par l'Allemagne des six divisions polonaises de l'armée Haller.

Durant cette période se déroulent quelques cérémonies, que Weygand qualifie de triomphes (à la romaine ?) et qu'illustrent autant de photographies dans le tome II des *Mémoires*. À Metz, le 15 novembre 1918, c'est un défilé des troupes suivi d'un *Te Deum*. À Strasbourg, le lendemain, Foch salue la statue de Kléber. En mai 1919, il descend le Rhin de Mayence à Cologne entre deux rangées de troupes alliées. Le 1er décembre 1918, il a été reçu à Londres avec Clemenceau à Buckingham Palace et à la Cité. Les jours suivants, les réceptions que lui ont réservées les souverains, les autorités et le peuple belges, ont été plus chaleureuses encore. Pense-t-il que pareille popularité renforce l'audience de la France ?

La Paix

La Conférence de la Paix se met en place fin 1918, rapidement réduite au Conseil des Quatre : Clemenceau, Wilson, Lloyd George, Orlando. Foch est membre de la délégation française. Présidée par Clemenceau, elle se compose de Ernest Pichon ministre des Affaires étrangères, Jules Cambon ancien ambassadeur à Berlin, André Tardieu qui a servi à son état-major, Louis Loucheur. Français et étrangers, il les a presque tous pratiqués.

Foch ne participe pas aux débats sur les questions économiques et financières, mais prend part aux conversations sur les frontières et les questions militaires. Il s'implique surtout dans les discussions relatives aux futures forces armées allemandes. Opposé à une armée de métier, « pépinière de cadres », il s'y résout sous réserve de la réduire à 100 000 hommes. Pour lui, la sécurité future de la France dépend uniquement de la maîtrise du Rhin, seule barrière naturelle sur laquelle pourrait être contenue une offensive germanique.

Le 28 novembre 1918, il présente une note[1] destinée à préciser *le régime définitif à établir dans les Pays Rhénans de la rive gauche, comme dans les têtes de pont de la rive droite, pour une première période de temps qui s'écoulera jusqu'à l'exécution complète des conditions du traité et ensuite pour le temps qui suivra l'achèvement de cette exécution.* Ce qui ne relève pas de ses attributions mais de celles des gouvernements alliés, surpris et irrités de cette confusion des pouvoirs.

Foch, le 10 janvier 1919, soumet une nouvelle et répétitive *Note aux plénipotentiaires des Puissances* qui *pose, du point de vue de la sécurité militaire des Puissances Alliées et associées le problème des frontières occidentales de l'Allemagne.* Le document, révélateur des mentalités et du vocabulaire de l'époque, se borne à examiner *uniquement la garantie européenne, collective, internationale nécessaire à l'ensemble des nations qui, après avoir combattu pour le droit, la vérité et la justice, entendent aujourd'hui préparer, sur de nouvelles bases inspirées de ces trois idées, les relations entre les peuples.*

Le préambule salue les espérances que fait naître une Ligue des Nations. Encore faut-il asseoir la nouvelle institution sur la connaissance du passé et ne pas abandonner les gages acquis. Le mémoire commence par une évocation de la « prussianisation », et donc de la militarisation de l'Allemagne par les Hohenzollern. *C'est au total une armée de malfaiteurs savants et convaincus que l'Allemagne prussianisée a lâchée…* ». En conséquence, il est nécessaire de « déprussianiser » l'Allemagne : démocratiser les esprits et décentraliser les institutions. Il y faudra du temps et, durant ce long délai, des mesures conservatoires s'imposent.

Foch rappelle ce que l'Entente doit à la Russie, mais pour mieux souligner que *son sort est incertain pour de longues années.* Dès lors, l'Europe de l'Ouest ne pourrait compter que sur ses propres forces, face à l'agression d'une nation de 64 à 75 millions de sujets dont, vision prémonitoire, 7 dans les *provinces allemandes d'Autriche*. Dans cette hypothèse, la Belgique, le Luxembourg, l'Alsace-Lorraine (*sic*), la France, n'aligneraient que 49 millions d'habitants, dans l'attente de renforts extérieurs. Ce

1. Les différentes notes de Foch figurent dans Jean Autin, *Foch…*, *op. cit.*, ch. XII « Gagner la Paix ».

qui exige de tenir le Rhin, ainsi que les têtes de pont établies sur sa rive droite, comme bases d'éventuelles contre-offensives.

La Conférence de la Paix s'ouvre le 18 janvier 1919. Les Alliés n'étudient ses propositions qu'après le retour de Wilson le 15 mars. Le 20, Clemenceau l'informe de l'opposition de Lloyd George et Wilson à la fixation d'une frontière militaire au Rhin. Toutefois, le Britannique et l'Américain seraient disposés à s'engager à soutenir la France dans l'hypothèse d'une agression allemande. Le maréchal refuse de « lâcher la proie pour l'ombre ». Clemenceau, soucieux de sauvegarder l'Alliance, ne lui pardonnera jamais son intransigeance et moins encore ses appels successifs au président de la République, au Conseil des Quatre, au Conseil des ministres français, à la Conférence plénière des Alliés. Néanmoins, il le fait recevoir le 30 mars par le Conseil des Quatre à qui il soumet vainement un nouveau mémoire, reprenant l'argumentation du précédent.

Le pacte de la Société des Nations est adopté le 28 avril 1919. Le 28 juin, le traité de paix avec l'Allemagne, qualifié de *diktat* par le vaincu, est signé à Versailles. Le 14 juillet, il ouvre le défilé de la victoire accompagné de Joffre, moins à l'aise à cheval que lui. Du 18 au 20, il est à Londres où il reçoit le bâton de maréchal de Grande-Bretagne. Le 22, nouveau triomphe à Bruxelles. En l'absence de toute cérémonie officielle pour le départ du général Pershing, il organise à Brest, avec le concours de la Royale, une manifestation digne de la participation déterminante des Américains à la Victoire.

Académicien

Le 11 novembre 1918, le jour même de l'armistice, il a été élu membre de l'Académie des sciences au sein de laquelle Lazare Carnot et Bonaparte l'ont précédé. Le 21, c'est au tour de l'Académie française de l'élire, « à la place vacante par la mort de Monsieur le Marquis de Vogüé ». Le même jour, elle élit Clemenceau. Il n'est reçu que le 5 février 1920 par Raymond Poincaré qui, depuis le 7 janvier, n'est plus président de la République[1]. Pétain, maréchal de France depuis le 19 novembre 1918, est là ; il lui succèdera le 31 janvier 1931. Foch « a revêtu la tenue d'académicien par déférence envers la compagnie qui l'accueille ». Deux parrains l'encadrent. Deux Pyrénéens, deux polytechniciens, dont les carrières ont

1. Institut de France, Académie française, *Discours prononcés dans la séance publique tenue par l'Académie française pour la réception de M. le maréchal Foch le jeudi 5 février 1920*. Paris, Typographie Firmin Didot et cie, MCMXX.

été vouées à « la défense de la France ». L'un, Freycinet, a été Délégué à la Guerre du Gouvernement de Défense nationale en 1870. L'autre, le maréchal Joffre, élu le 14 février 1918, l'a poussé aux plus hautes responsabilités militaires.

Ni la personnalité, ni l'œuvre du marquis de Vogüé n'ont enthousiasmé Foch qui se borne à rappeler sa carrière d'archéologue en Orient, de diplomate à Constantinople et Vienne, sa démission au départ de Mac Mahon, ses activités caritatives en particulier à la tête de la Société de secours aux blessés militaires qu'il avait fondée en 1869. C'est néanmoins, pour lui, l'occasion de développer trois thèmes révélateurs de ses conceptions sociales : la continuité de la société féodale dans ce qu'elle a de meilleur, le rôle de la noblesse dans le nécessaire maintien des vertus, l'importance de l'agriculture. Du Lyautey, ou du Pétain bien avant le « Retour à la Terre ». Néanmoins, Foch a trouvé dans l'œuvre de De Vogüé un *Villars d'après sa correspondance,* qui lui permet de renouer avec l'analyse de batailles décisives : Huningue, Malplaquet, Denain. Deux principes s'en dégagent : la subordination du chef de guerre au pouvoir, l'entente entre alliés.

Poincaré évoque la personnalité, la carrière, l'œuvre de celui qu'il reçoit. Il dégage le double caractère de son enseignement à l'École supérieure de guerre : « admirable cours de stratégie et de tactique » en même temps « qu'apologie raisonnée des forces morales ». De même insiste-t-il sur son « sens des alliances ».

> « C'était à vous de faire la guerre ; ce n'était plus à vous de faire la paix. Vous aviez cependant le droit de dire ce que, d'après vous, la paix devait être pour mieux empêcher le recommencement de la guerre. Les mémoires que vous avez rédigés dès le mois de novembre, pour exposer les garanties militaires que vous jugiez indispensables, portent la marque de votre patriotisme et de votre expérience. Souhaitons que le monde n'ait jamais à se repentir de ne s'être qu'incomplètement inspiré de votre avis. »

Saluant le sacrifice des quatorze cent mille Français, « morts pour que ne mourût pas la France », Poincaré termine :

> Vous et vos armées, vous avez sauvé notre vieille civilisation latine, notre langue, nos chefs-d'œuvre, notre passé et notre avenir. Comment l'Académie française aurait-elle négligé de vous en témoigner sa gratitude ?

Commandant des forces alliées d'occupation

L'entrée en vigueur du Traité de Versailles, le 10 janvier 1920, a modifié les pouvoirs du maréchal Foch en territoires occupés. Les questions administratives et économiques dépendent désormais d'une Haute Commission interalliée. Il conserve toutefois le commandement des forces alliées d'occupation et préside le Comité militaire allié, dit de Versailles, chargé de contrôler l'exécution des clauses militaires du Traité. Comité dont Weygand est nommé secrétaire général ; la terminologie des fonctions s'est démilitarisée.

En 1920, Weygand est adjoint à l'ambassade envoyée en Pologne menacée d'écrasement par l'Armée rouge[1]. Appelé aux fonctions de conseiller du chef d'état-major de l'armée polonaise, il y joue un rôle décisif dans la bataille de Varsovie… minimisé par les uns, exalté par les autres, mais dont il a l'habileté de reporter le mérite sur le commandement polonais. Nul doute que Foch ait été à l'origine de sa désignation. Mais il n'en a jamais rien dit.

Sous son autorité, une Commission interalliée de contrôle siège dans chacun des pays européens vaincus. Le Comité militaire, s'il se reconnaît dans l'impossibilité de régler une question, saisit la Conférence des ambassadeurs que préside Jules Cambon. En cas de crise, l'affaire est portée devant le Conseil suprême des gouvernements. Un système qui fonctionne à la satisfaction de tous, si l'on en croit Jules Cambon, recevant Weygand à l'Académie française en 1932[2].

> « Quand tout fut fini, vous deveniez secrétaire général du Comité militaire interallié que présidait le maréchal. Je ne saurais oublier, Monsieur, qu'alors, à la Conférence des ambassadeurs, lorsqu'une question militaire surgissait, et c'était quasi à toutes les séances, le maréchal Foch nous donnait tous les éclaircissements dont nous avions besoin. Vous l'accompagniez, et ses exposés s'appuyaient sur les renseignements que vous nous apportiez avec la précision et l'abondance d'un homme auquel aucun détail n'échappait dans le grand ensemble auquel présidait votre chef. »

Le Conseil supérieur de la guerre

Le bureau de Foch est situé aux Invalides où est installé le Conseil supérieur de la guerre, reconstitué par décret du 23 janvier 1920, sous la présidence du président de la République. Y siègent les généraux ayant

1. Weygand, de l'Académie française, « La bataille de Varsovie », *Revue des Deux Mondes*, 15 mars 1957.
2. Institut de France, Académie française, *Discours prononcés dans la séance publique tenue par l'Académie française pour la réception de M. le général Weygand le 19 mai 1932*. Paris, Typographie Firmin Didot et cie, MCMXXX II.
Le général Weygand succède au maréchal Joffre.

commandé une armée ou un groupe d'armées ; Pétain en est le vice-président[1]. Sa composition varie peu pendant les années 1920-1928. La première liste comprend : les maréchaux Joffre, Foch, Pétain et les généraux Humbert, Maistre, Berthelot, Guillaumat, Nivelle (qui a été disculpé de toute faute de commandement), Mangin, Debeney, de Boissoudy, Degoutte, Buat. Entrent successivement les maréchaux Lyautey, Franchet d'Esperey, Fayolle, les généraux Nollet, Graziani, Gouraud, Weygand, Degoutte, Duport, puis Claudel, Targe, Philippot, Niessel, Maurin. Des décès ont éclairci les rangs et les nouveaux commandants d'armée ont fait leur entrée.

Foch, bien que relativement isolé, participe assidûment aux séances. On y débat de la loi de recrutement, de la mobilisation, de la réorganisation de l'armée, de son armement, de la défense des frontières[2]. Le matériel, la puissance souveraine de feu, le préoccupent davantage que les effectifs et le nombre de grandes unités. Constant dans sa pensée, il souligne la vulnérabilité accrue des populations civiles qui donne un moyen de pression plus fort sur les gouvernements qu'il faut faire céder.

Si l'on en croit ses carnets, cités par Weygand, il reste convaincu de la primauté des forces morales : *La victoire est allée aux peuples, à ceux pour qui la défense d'une cause juste avait apporté la plus grande somme d'intelligence, de dévouement de résolution qui doit accompagner la justice dans une humanité civilisée*[3].

L'ordre du jour portant, le 12 avril 1927, sur la réorganisation du Centre des hautes études militaires, Pétain préconise d'en réserver l'accès à des candidats ayant déjà exercé leur temps de commandement de chef de corps. Il est battu aux voix (4/5) par Foch désireux de l'ouvrir à de jeunes officiers supérieurs qui ne soient pas déjà « cristallisés » et disposent encore d'assez de souplesse d'esprit pour tirer profit d'un enseignement axé sur le changement.

Nouvelle intervention, particulièrement vigoureuse, à propos de la Défense des frontières, (la future ligne Maginot) le 2 juillet 1927[4]. *Foch demande combien de temps il faut pouvoir résister. Il craint que les*

1. Conseil supérieur de la guerre : Service historique de la Défense, Département Terre, 1 N Département Terre, 1 N 19 à 1 N 38.
2. Colonel Breveté, F.-A. Paoli, *L'Armée française de 1919 à 1939*, Service historique de l'armée de Terre, Vincennes, s.d. L'étude s'arrête en 1935. Elle est continuée par le lieutenant-colonel H. Dutailly, *Les problèmes de l'armée de terre française*, 1935-1939, Imprimerie nationale, 1980.
3. Weygand, *Foch*, *op. cit.*, p. 332.
4. Premier procès-verbal du CSG reproduit à la machine à écrire. Sur cette question : général P. E. Tournoux, *Défense des frontières. Haut Commandement Gouvernement (1919-1939)*, Nouvelles Éditions Latines, 1960.

positions de résistance ne résistent pas longtemps et que les barrages barrent encore moins une offensive ennemie. Où sont les armées et que font-elles ? Il faut combiner la fortification avec le plan de commandement. Si nous n'avons pas l'outil, ce ne sera pas le parapluie qui protègera le pays.

En représentation : une autre forme de combat

Durant les trois mois d'été, il s'installe à Trofeunteuniou, en famille ; une famille éprouvée, comme bien d'autres. Il travaille et reçoit : Pershing, Poincaré, le Glaoui, Desticker son chef d'état-major au Comité militaire allié, Weygand souvent. En septembre, il retourne en Comminges. À Paris, où il réside à l'Hôtel de Sens, 138 rue de Grenelle, de nombreuses personnalités demandent à le rencontrer : Benès, Lord Derby, l'amiral Beatty, Lindberg. Chaque année, le 11 novembre, l'ambassadeur britannique, accompagné de ses attachés de Terre, de Mer, de l'Air, vient saluer le *field-marshal* Ferdinand Foch.

En 1920, il préside les fêtes de Jeanne d'Arc à Orléans et l'inauguration de la tombe du Soldat inconnu. Le 1er juin, il est porté à la présidence de l'Union interalliée. Succédant au Cercle allié, créé en 1917 pour recevoir les officiers et les personnalités américains et britanniques, l'Union entend maintenir un climat d'amicale concertation transatlantique. Banquiers, filateurs et maîtres de forges, aristocrates fortunés, se rencontrent à l'Hôtel de Montigny, rue du Faubourg Saint-Honoré, dont ils ont financé l'achat. Foch y a ses habitudes : entretiens de travail ou rencontres amicales[1]. Un autre lieu d'influence… ou d'illusions ?

Pour le centième anniversaire de la mort de Napoléon, le 5 mai 1921, il lui est demandé de prononcer un discours… ne dépassant pas un quart d'heure. Reprenant des thèmes évoqués dans *La bataille de Laon*, il met en relief l'aptitude de l'empereur à assimiler vite, à comprendre la nature des guerres nationales ainsi que la complémentarité de l'œuvre intérieure et de l'action extérieure de la Révolution. Il dégage les fondements de ses succès militaires : fermeté de conception et rapidité d'exécution. *Cet art va l'emporter lui-même aux régions du vertige.* Vaincre pour vaincre ? *Au-dessus de la guerre, il y a la Paix… la loi morale des sociétés faite du respect de l'individu, de ces principes de liberté, d'égalité, de fraternité, bases de notre civilisation telle que l'a faite le christianisme…*[2].

1. Jean Autin, *Foch*, *op. cit.*, p. 326-331.
2. Publié par Berger-Levrault la même année.

Ses déplacements à l'étranger, privés ou officiels, ont une autre portée et un autre retentissement. Les États-Unis ont déjà accueilli triomphalement Joffre ; mais c'était pendant la guerre. Quel accueil ce pays, qui a repoussé le Traité de Versailles et n'a pas adhéré à la Société des Nations, réservera-t-il à celui qui a conduit les armées alliées et associées à la victoire, mais symbolise une guerre désormais contestée ? Invité par les vétérans de la Légion des combattants et l'association catholique des Chevaliers de Colomb auxquels s'associe le gouvernement américain, Foch embarque au Havre le 22 octobre 1921 pour New York. De là, il se rend à Kansas City pour participer à la troisième Convention annuelle des combattants. Cinquante mille légionnaires, regroupés en unités constituées sous les ordres de chefs élus, l'acclament. Foch retient la double leçon de ce rassemblement : démocratie et autorité, patriotisme et liberté. Il salue la vision « mondiale » des États-Unis, dictée par l'idéalisme, évoque le risque d'isolationnisme, exalte l'amitié franco-américaine, insiste sur l'action commune. Son voyage, qui dure deux mois, se termine au Canada.

En Angleterre, en 1922, il assiste aux obsèques du maréchal Wilson : *C'était un bon ami, loyal, gai, souvent farceur... Il fut l'âme de la coopération des deux armées.* Il y revient en 1927 pour celles du maréchal Douglas Haig, dont *Les carnets secrets* ne sont pas encore connus[1]. Dans les deux cas, sa présence se veut rappel de la nécessaire alliance franco-britannique.

En Roumanie, désormais pièce maîtresse du jeu diplomatico-militaire dans les Balkans, il conduit la délégation française venue, en 1922, assister au couronnement du roi Ferdinand et de la reine Marie. L'année suivante, il se rend en Pologne où il reçoit le bâton de maréchal de Pologne. À Varsovie où, trois ans plus tôt, Weygand a « conseillé » les Polonais confrontés à l'Armée rouge, se déroule une séance de travail à l'état-major. Les problèmes de voisinage avec l'Allemagne et l'Union soviétique qui, depuis Rapallo, constituent une même menace, sont évoqués. La foule l'acclame à Czentokhovo, à Varsovie, à Posnan, à Cracovie. À son retour, il fait étape à Prague où l'accueil est tout aussi chaleureux. Clé de voûte de l'Europe centrale, le nouvel État tchécoslovaque a confié la formation de son armée à une mission militaire française. Faute de pouvoir compter sur la Russie, la France prépare une autre alliance de revers

1. *Les carnets secrets du Maréchal Douglas Haig 1914-1919, présentés par Robert Blake*, Presses de la Cité, Paris, 1964. Foch est cité trente-neuf fois, généralement de manière favorable. Leurs différends, toutefois, ne sont pas occultés.

contre l'Allemagne. Un « cordon sanitaire » aussi, destiné à isoler le bastion de la IIIe Internationale et de son bras armé, le Komintern.

En 1924, Pie XI le reçoit au Vatican. Le 4 mai, le Cartel des gauches emporte les élections. Foch réaffirme ses convictions : en 1925, il préside le cinquantième anniversaire de l'Institut catholique à Paris. Sa présence à Malines, en 1926, aux obsèques du cardinal Mercier pour qui il a toujours éprouvé une très haute estime en raison de sa fermeté face à l'occupant allemand, n'est pas sans résonance politique. La même année, il inaugure à Metz l'exposition coloniale.

Nombreux sont ceux qui demandent au maréchal de présenter leur œuvre. Foch, d'ordinaire, est bref. Font exception, les préfaces aux publications qui éclairent la conduite d'une guerre de coalition : les *Dépêches de Sir Douglas Haig* en 1920, le *Journal du Maréchal sir Henry Wilson* en 1929, *La Russie dans la guerre mondiale* de Youri Danilov[1]. Un essai d'histoire comparée, publié en 1928, est à remarquer : *Les Deux batailles de la Marne, 5-11 septembre 1914 / 15-18 juillet 1918*, « par le Maréchal Joffre, l'ex-Kronprinz impérial, le Maréchal Foch, le Général Ludendorff »[2].

Ultimes mises en garde (1926-1928)

Le 11 octobre 1926, Foch adresse une nouvelle note au président de la République, Gaston Doumergue et au président du Conseil, Raymond Poincaré, rappelé le 21 juillet pour redresser le franc. Le 24 avril a été signé un traité de non agression germano-soviétique. Le 8 septembre, l'Allemagne a obtenu un brevet de bonne conduite : elle a été admise à la Société des Nations. Elle attend du Plan Dawes l'évacuation de la Rhénanie. Pour lui, elle *reste un voisin redoutable avec lequel la paix ne sera maintenue que par les risques qu'elle courait à la rompre*. Rien ne justifie l'évacuation de la Rhénanie, avant les quinze ans d'occupation prévus par le Traité de Versailles : le désarmement n'est pas achevé, les réparations ne sont pas payées. De plus, l'armée française est toujours en réorganisa-

1. *L'Angleterre en feu, Dépêches de Sir Douglas Haig, décembre 1915-avril 1919*, mises en Français par le commandant breveté Gemeau, Préface de M. le Maréchal Foch, Paris, Henri Charles-Lavauzelle, Éditeur militaire, 1920. *Journal du Maréchal Sir Henry Wilson,* publié par le Major Général Sir C.E. Calwell, Édition française par le commandant Lhopital, ancien officier d'ordonnance du Maréchal Foch, Préface du Maréchal Foch, Payot, Paris, 1929. Youri Danilov, Quartier-Maître général des Armées russes, *La Russie dans la Guerre mondiale, (1914-1917)*, traduction française d'Alexandre Kaznakov, ancien colonel de cavalerie de la Garde. Préface de M. le Maréchal Foch, Payot, 1927.
2. Payot, 1928.

tion, la frontière reste dépourvue d'un système de fortification approprié, la couverture anti-aérienne n'est pas assurée. Or, *les limitations apportées par le traité de Versailles à la durée d'occupation des pays rhénans avaient été consenties par le gouvernement français contre l'engagement pris par les gouvernements américain et anglais de venir à notre aide en cas de nouveau danger allemand ... Ces engagements n'existant plus on voit à quels périls notre pays serait exposé.*

Le contrôle des Alliés cesse en décembre 1926 ; avec lui les fonctions de Foch. Leurs derniers représentants quittent Berlin en février suivant. En mars s'achève l'évacuation de la Sarre. Tandis que commence la construction de la Ligne Maginot, la France réduit la durée du service militaire à un an. Le 1er janvier 1928, sous la signature ***, la *Revue de Paris* publie un article intitulé « Du malaise mondial ». Elle le redonne le 15 avril 1929, l'attribuant cette fois au maréchal Foch, décédé depuis moins d'un mois. L'a-t-il rédigé lui-même ?

Ce qui est neuf, c'est l'attention portée au désordre économique résultant de la guerre. Sans lui attribuer, en 1927, la prescience de la crise économique imminente, force est de constater l'ampleur de ses vues sous la répétition des formules : *Le monde regarde l'avenir avec inquiétude, se demandant si d'un pareil désarroi il ne verra pas surgir un nouveau conflit et bientôt une guerre analogue à la dernière, pleine d'abominations méthodiquement préparées, s'inspirant d'une morale aveugle et volontairement barbare, visant au triomphe et à la suprématie d'une race au mépris du droit et de la liberté des autres et qui serait capable de rallumer un incendie s'étendant au loin.*

Deux groupes d'États sont face à face : les vainqueurs et les vaincus. Les premiers ont été ruinés et n'aspirent qu'à la paix, les autres ont *vu modifier leur régime politique, baisser leur prestige à l'étranger, resserrer leurs frontières, augmenter leurs charges financières.* Pourquoi la guerre ne serait-elle pas le remède aux maux dont souffre leur peuple ? Œuvre de longue haleine que celle de changer la mentalité d'une « race de proie ». Et, pendant ce délai, la paix mondiale risque d'être remise en cause par les revendications d'un des vaincus, bientôt soutenu par d'autres peuples animés des mêmes ressentiments. Le désarmement n'ayant établi qu'une fausse sécurité, seule l'entente des anciens vainqueurs et leur détermination à refuser toute remise en cause des traités peuvent maintenir la paix.

Pareille politique exige, dans une démocratie comme la France soumise aux aléas électoraux, la stabilité des organes garants de la sécurité : la diplomatie et l'armée, s'appuyant sur un Conseil National de la Défense Nationale au sein duquel les responsables militaires auraient les mêmes droits que les ministres civils. De même, serait-il souhaitable que les anciens vainqueurs, attachés à une paix juste, constituent un organe permanent. Une création que justifierait l'évolution de la Société des Nations, devenue un champ clos d'affrontement de doctrines et d'intérêts. Préfiguration du Conseil de sécurité de l'ONU ?

En août, le pacte Briand-Kellog ne le convainc pas, malgré les soixante États qui le contresignent. Mettre la guerre hors la loi ? *Méfions-nous du romantisme... il ignore l'analyse.*

*

Foch cède-t-il au culte de la personnalité ? En 1927, il a inauguré sa propre statue à Bouchavesne. En 1928, il est présent lorsque Poincaré dévoile sa statue équestre à Cassel, où pour la première fois, on le voit fatigué. Même impression aux obsèques de Destiker qui fut son élève à l'École de guerre puis son chef de cabinet. Il meurt à Paris, le mercredi 20 mars 1929. Clemenceau, Joffre, le roi Albert sont les premiers à saluer sa dépouille, exposée le dimanche suivant sous l'Arc de triomphe. Le mardi 26, se déroulent ses obsèques nationales[1]. Il est inhumé aux Invalides dans le Caveau des gouverneurs[2]. En 1937, ses cendres sont transférées sous la Coupole.

---

1. *Le Maréchal Foch, Discours prononcé le 26 mars 1929 aux obsèques nationales par M. Raymond Poincaré de l'Académie française, président du Conseil,* Paris, Plon, MCMXXIX. Le texte du discours est comparable à celui prononcé à l'Académie française en 1920.
2. *L'Illustration*, numéro spécial (1929) consacré au Maréchal Foch. Présentation général Weygand. Détails sur les obsèques (Courtoisie, Monsieur Baldinger, Chambre de commerce de Marseille).

ÉPILOGUE

« M. LE MARÉCHAL PÉTAIN, ayant été élu par l'Académie française à la place vacante par la mort de M. le Maréchal Foch, y est venu prendre séance le jeudi 22 janvier 1931[1]. » Nul n'ignore, parmi les académiciens et dans l'assistance, que Pétain estimait que les armées françaises avaient été privées de leur victoire par l'armistice du 11 novembre 1918, mettant fin au projet d'offensive, arrêté entre Foch et lui, pour le 14 novembre. Il est attendu sur cette question et ne se dérobe pas, mais tronque le rappel des faits : Foch a imposé le retrait des forces allemandes à l'est du Rhin et la création de trois têtes de pont sur sa rive droite.

> « Cependant l'admirable manœuvre ne s'accomplira pas. Le grand Soldat, qui avait fait de l'attaque décisive l'aboutissement de sa doctrine et la clef de voûte de son enseignement, devra reposer son épée avant d'avoir détruit son adversaire. L'armistice qu'il signe le 11 novembre, en territoire français, épargne à l'orgueilleuse armée allemande un humiliant désastre et lui permet de repasser le Rhin sans être inquiétée. »

Chacun sait aussi que le nouvel élu a fait preuve, de mars à novembre 1918, d'une totale discipline intellectuelle et s'est comporté en loyal subordonné quels qu'aient été ses sentiments. Sa péroraison, nuancée mais dans les lois du genre, est à la hauteur de son comportement passé.

> « Une fois de plus, à une heure grave de son histoire, la France a vu surgir des profondeurs de la race, pour réunir, diriger et exalter ses forces combatives, une haute Intelligence et un grand Caractère. Car en définitive, la force de la Pensée et celle de la Volonté, sont les traits essentiels de la physionomie de Foch. »
>
> « Dans les situations à demi-désespérées, arc-bouté sur sa conviction, se refusant à tout abandon, contraignant ses subordonnés à la même attitude, au besoin presque malgré eux, il leur communiquait la flamme qui

1. Institut de France, Académie française, *Discours prononcés dans la séance publique tenue par l'Académie française pour la réception de M. le Maréchal Pétain le jeudi 22 janvier 1931*, Paris, Typographie de Firmin-Didot et Cie, Imprimeurs de l'Institut de France, rue Jacob, 56, M CXXXI.

l'animait. Dans l'ultime bataille, après avoir repris l'initiative par un sursaut de volonté, il a renouvelé chaque jour ses actes d'énergie : à mesure que l'accumulation des succès rassasiait les esprits, que la fatigue des troupes, la fonte des effectifs venaient détendre les ressorts des âmes, sa volonté s'exaspérait dans l'attente de la victoire qu'elle avait préparée… »

« S'il a pu conduire ses opérations avec une pareille maîtrise, c'est qu'une pensée exceptionnellement ferme lui en avait montré clairement le but. Cette pensée, il l'avait nourrie aux sèves de l'Histoire. Travailleur acharné, il avait fouillé le passé pour y trouver non des exemples à copier mais des leçons à méditer… Délaissant volontiers la tactique qui, pour lui, était surtout affaire d'exécution, il s'était orienté tout naturellement, par un goût instinctif de la synthèse, vers cette partie de l'art militaire, à la fois mystérieuse et simple puisqu'elle ne fait intervenir que le bon sens, je veux dire la stratégie. Et c'est ainsi qu'à travers le réseau infiniment complexe d'une guerre immense et nouvelle, il avait découvert les chemins qui mènent à la victoire. »

« Confiant dans la justesse de ses vues, Foch manifestait en toute occasion une assurance absolue… Cet optimisme, qui, de propos délibéré, procédait par affirmations en éludant la discussion, produisait une forte impression. Ses interlocuteurs civils, en particulier, subissaient l'influence de sa foi inébranlable. »

« Foch avait une aptitude innée au commandement. Dans les circonstances ordinaires de la vie, il était simple et cordial… Mais dans l'action, il se transfigurait : l'énergie et l'autorité rayonnaient de sa personne. En paroles hachées, en phrases incomplètes, terminées par des gestes brusques et expressifs, les idées jaillissaient tumultueusement, idées souvent obscures pour ceux qui ne connaissaient pas les voies de son esprit. On le prenait pour un impulsif, mais sous cet aspect quelquefois effervescent, les conceptions étaient réfléchies, l'argumentation logique ; il les appuyait d'une parole impérieuse qui violentait l'esprit de ses auditeurs ; mais sa conviction évidente, ses brusqueries même, lui conquéraient des sympathies. D'ailleurs, il savait au besoin employer d'autres méthodes ; tandis qu'il ne ménageait pas ses boutades aux Français ou aux officiers de son entourage, il usait vis-à-vis des Chefs alliés, d'infiniment de diplomatie. »

« Volonté, confiance en soi, énergie indomptable, telles sont les qualités maîtresses de celui dont j'ai essayé de faire revivre, à grands traits, la figure. »

« Cette figure appartient désormais à l'histoire. Déjà, les acclamations qui montaient vers Foch le 14 juillet 1919, la douleur muette de Paris au jour de ses funérailles, ont prouvé la pieuse reconnaissance de tout un peuple. Aux yeux de la France, Foch a été le grand vainqueur de la guerre. La Postérité lui gardera cette auréole. »

Dans sa réponse, Paul Valéry se serait-il tromper d'éloge ? À le lire, il est permis de se demander s'il recevait Pétain ou Foch. De l'un, il rappelle les mérites ; de l'autre, il exalte « l'intuition raisonnée ».

« Foch, devenu directeur de la célèbre école, vous laissa entièrement libre d'y enseigner une doctrine qui n'était pas tout à fait la sienne. J'aime beaucoup ce petit trait qui ne peut être que d'une grande âme. » ...

« Foch alors sort de l'ombre, où depuis la Somme on le tient. Jusqu'ici il n'a pu donner sa mesure. Ce grand chef n'a jamais commandé en chef. D'ailleurs point de guerre moins faite pour lui que cette guerre de détails et de longueur. Il est né pour les actes du plus grand style, et il ne sent être lui-même que dans le mouvement et la manœuvre à large envergure. L'action l'habite et commande chacune de ses pensées. C'est un Français qui a la tête épique. »

« Ce qui frappait d'abord en lui, c'était cette promptitude extraordinaire des idées que marquait sa parole invincible à la course, comme pressée de percer le discours de ses interlocuteurs et de les devancer d'un mot au point stratégique de la question. Il ne pouvait visiblement souffrir de retarder sur l'étincelle même qui venait de briller à son esprit. Il volait d'instinct à l'essentiel ; sa pensée se précipitait à peine formée vers l'acte décisif, concevait aussitôt l'événement de première grandeur, sacrifiant le détail ; parfois défiant le possible. »

« Il usait volontiers d'images qui sont le moyen de transport le plus prompt, sinon le plus sûr, entre deux états de l'esprit. On l'accusait d'obscurité, reproche que s'attirent toujours les esprits les plus clairs qui ne trouvent pas ordinairement leur clarté dans l'expression commune. Il me souvient, cependant, que dans l'une des dernières séances auxquelles il ait assisté, comme nous agitions – paisiblement – le projet de notre grammaire française, Foch à son tour consulté nous dit : *qu'elle soit courte et simple*. Il n'aimait que ce qui va droit au but. »

« Foch était l'homme de l'énergie toute vive. Un homme de ce type est un type invariablement, invinciblement attiré par la décision qui exige le plus d'énergie dans la conception et dans l'acte : qualité inestimable dans un métier qui ne consiste qu'à produire ou à éviter un événement sans retour. »

« On eût dit quelquefois que Foch, refusant le présent, rejetant ce que tous voyaient, bousculant le réel comme une apparence, aimât d'opposer aux circonstances son vouloir pur et simple. Il semblait assuré que tout doit plier devant une volonté tendue, qui se sent étrangement supérieure aux réalités momentanées, qui se fait inaccessible, sourde, absolue presque indifférente à l'inégalité des forces et des moyens. Ce qu'il voit le touche moins que ce qu'il veut. »

« Il arrive qu'une telle puissance d'impulsion ne soit pas sans induire en témérité et que de redoutables coups d'arrêt quelquefois ne la brisent. Mais une réflexion fort simple la justifie dans tous les cas où la situation est des plus graves qui sont les cas de beaucoup les plus importants à la guerre. S'il paraît donc que tout soit en perdition, que tout ce qui se produit, que tout ce qui visiblement se prépare, est clairement menaçant et presque à désespérer, où faut-il donc placer son dernier espoir… ? Ce point dernier, cette suprême chance est, et ne peut être, que dans le cœur même de l'adversaire. Au milieu des plus grands avantages, l'âme du presque vainqueur conserve de quoi faiblir. Le peu de doutes qui lui reste sur sa victoire prochaine, ou bien le trop de confiance en elle qui l'enivre, ce sont les ultimes chances d'un parti qui se sent périr. »

« Voilà ce que Foch pensait, ne cessait de penser et qui nous a sauvés. Aux jours les plus critiques, il lit le désespoir dans les fureurs et jusque dans les progrès effrayants de l'adversaire. Il y voit leur point noir ; il y voit si distinctement poindre la victoire que les très durs événements qui se précipitent, la bataille jusque sous Amiens, la bataille vers Compiègne, la formidable surprise de Château-Thierry lui font à peine différer le projet de sa grande offensive. »

« Mais enfin le temps vient qu'il peut être lui-même. La moitié de l'année, rien que de revers, s'achève. L'été commence. Foch prend en main la victoire. Il la mène de toutes parts. L'automne apporte le triomphe. »

« Quel moment dans son cœur dut être ce moment où le salut de la patrie, l'accomplissement du vœu de toute sa vie, le couronnement du travail de toute sa pensée, la certitude d'une immortelle gloire sur son nom lui vinrent à la fois par ces hommes défaits et consternés, portant la honte et la fureur sur le visage, une amertume infinie dans l'âme ; et dans les mains, ce qu'abandonne leur pays ! »

« Je ne me risquerai pas, Monsieur, à parler de ces événements après vous, qui les avez vécus, subis ou créés dans une constante et très heureuse liaison avec le maréchal Foch. L'extrême sud, l'extrême nord de la France ont confondu leurs natures et leurs différentes vertus pour le service et le salut de la nation une et indivisible pour la réunion au corps national des Français qui en avaient été séparés. »

POUR CONCLURE

FOCH a pensé et enseigné la guerre avant de la faire et de la terminer en vainqueur. L'invitation à le relire n'a pas besoin d'autre justification, simplement d'une remise en situation pour éviter tout anachronisme. Car à lire ses *Conférences*, il s'agit bien de « guerre moderne » et de « bataille moderne » ce qui, au début du vingtième siècle, n'était rien d'autre qu'une invitation à penser prospectivement, à se projeter dans l'avenir. Même si, de nos jours, les formes modernes de la guerre, l'intervention extérieure diversifiée mais quasi permanente, diffèrent en tout de celles des deux guerres mondiales, l'ouverture d'esprit reste nécessaire. Elle l'est d'autant plus que l'actualité risque de faire perdre de vue que la France, au sein de l'Alliance atlantique ou d'une hypothétique Défense européenne, est toujours exposée à une confrontation de type majeur. Prévoir l'imprévu comme toujours possible pourrait être le premier enseignement de Foch.

Faut-il cependant redire que la lecture des *Conférences* ne tire son plein intérêt que de la consultation des *Mémoires* ? Ces derniers, en effet, conduisent à la confrontation des doctrines avec leur mise en œuvre par celui-là même qui les a énoncées. C'est seulement après plus de trois ans de guerre que Foch a possédé le pouvoir et les moyens de les appliquer, en esprit et non à la lettre. Foch, « faisant la guerre » en grand subordonné ou en conseiller, n'a jamais cessé de « Penser la guerre » en commandant en chef, soumettant ses hypothèses passées (souvent alors présentées comme des certitudes) à l'épreuve des faits, non pour y renoncer mais pour les adapter à des conditions changées. L'adaptation imposée par les circonstances, et c'est la deuxième leçon majeure de la lecture des œuvres de Foch comme un tout, ne doit pas être subie mais dominée et donc raisonnée.

Foch aurait-il tout prévu, tout compris, tout dominé en raison de son aptitude à raisonner, devenue discipline d'esprit, et faudrait-il le suivre en tout ? Avant d'aller plus loin dans un retour sur sa méthode, le rappel des critiques suscitées par son enseignement et son commandement s'impose afin de ne pas sombrer dans l'hagiographie. On est certes en droit de les discuter, non d'en nier systématiquement les fondements.

*

Les critiques qui méritent le plus d'attention sont de deux ordres. Les premières portent sur la décision de mettre fin aux combats le 11 novembre 1918. Elles condamnent la conclusion hâtive de l'armistice, privant les Alliés et principalement les Français d'une victoire militaire indiscutable, en contradiction avec la notion prônée et enseignée de « bataille décisive ». On a exposé les griefs de Pétain et les explications de Foch à ce propos. Il n'en est pas moins vrai que les dirigeants de Weimar, avant même les nazis, en ont tiré prétexte pour contester le *diktat*.

D'autres réprouvent la mission que Foch, outrepassant son statut de militaire, s'est attribuée en proposant puis soutenant la création d'une Rhénanie autonome conçue comme le glacis de la défense française. Dès 1920, lors de sa réception à l'Académie française, Poincaré lui avait rappelé qu'après avoir gagné la guerre, il ne lui appartenait pas de faire la paix, même si les faits paraissaient confirmer ses craintes sur la résurgence d'une menace allemande. D'une manière générale, les politiques et principalement les Anglo-Saxons n'ont admis ni cette intrusion du militaire dans leur domaine réservé, ni surtout son intransigeance à propos des réparations qui empêchaient le relèvement économique de l'Allemagne.

À la fin de sa vie, son obsession sécuritaire l'a entraîné à confier à Raymond Recouly, journaliste déjà connu et codirecteur de *La Revue de France*, des jugements sévères et souvent injustes sur Clemenceau que son confident a publié dès son décès sous le titre *Le Mémorial de Foch*. Les réactions du Tigre quasi moribond ont été féroces, superbes et non moins injustes. Dans *Grandeurs et misères d'une victoire*, il a dépecé le cadavre encore chaud du maréchal[1], avant de s'en aller à son tour le 23 novembre 1929.

> Le Parthe, au galop de sa fuite, décochait encore un trait derrière lui. Au moment de s'engouffrer dans la nuit funèbre, le maréchal Foch paraît avoir laissé tout un lot de flèches perdues, à l'arc incertain d'un sagittaire improvisé…
>
> Quoi, Monsieur le Maréchal, vous êtes si réfractaire aux frissons des plus belles heures qu'il vous a fallu dix ans de méditations refroidies pour vous dresser contre moi sans autre cause qu'une rétrospectivité de grognements militaires ! Encore avez-vous envoyé sur le terrain un autre à votre place, ce qui ne se fait pas…
>
> Voyons Foch ! mon bon Foch ! Vous avez donc tout oublié !…

1. Raymond Recouly, *Le Mémorial de Foch, mes entretiens avec le Maréchal*, Les Éditions de France, 9 avril 1929.
Georges Clemenceau, *Grandeurs et misères d'une victoire*, Plon, 1930.
Sur cet acharnement funèbre, voir la condamnation implicite de Weygand sévère pour Recouly et les précisions de Winock (*op. cit.*, p. 537-540). En un an, la vente du livre de Clemenceau dépasse 100 000 exemplaires.

Mais puisque l'on ne manquerait pas d'imputer ma modération à défaillance, je ne puis demeurer sans paroles. Vous m'appelez. Me voici. Il ne m'aimait pas, ce qui s'explique très bien et moi j'avais pour lui une faiblesse qui n'était pas inexplicable...

Presque le livre d'un amour déçu

Certains ont reproché à Foch les pertes humaines engendrées par sa doctrine de l'offensive corrélative à la notion de bataille décisive. Grandmaison lui-même serait le produit de cet enseignement, si l'on en croit Galtier-Boissière dans le *Crapouillot* (n° 25, 1954). C'était oublier que les Grandmaison et autres jeunes brevetés n'étaient en 1914 que des auxiliaires du commandement et non des décideurs et que, dans toutes les armées en présence, les taux de pertes ont été comparables en raison de l'insuffisante appréciation des effets du feu. C'était également passer sous silence la place que Foch avait donnée, dans son enseignement, à la préparation de l'assaut par l'artillerie. Il n'en est pas moins vrai qu'il avait sous-estimé le feu de l'infanterie, en particulier des mitrailleuses comme il avait mal perçu l'emploi de l'aviation. Sa surestimation des forces morales en avait-elle été la cause ? Encore aurait-il fallu ne pas en fausser le sens, comme le fait J. F. C. Fuller dans sa présentation réductrice et caricaturalement partiale de Foch[1].

Il n'est pas impossible, non plus, que son manque apparent de compassion pour les victimes lui ait donné une réputation d'indifférence aux pertes malgré la mort de son fils et de son gendre. Dans ses *Mémoires*, il a exalté le patriotisme, les souffrances et les sacrifices des combattants mais pour mieux magnifié « le soldat français ». Là encore, on l'a opposé à Pétain, négligeant le fait qu'à partir de 1917, ils n'avaient plus le même type de commandement ou de responsabilité.

A-t-il, enfin, manqué de largeur de vue dans son approche de « la guerre future » et de ses dimensions mondiales, même s'il a toujours manifesté « le sens des alliances » et conduit en 1918 une véritable guerre de coalition ? Le reproche est venu surtout des Britanniques ; beaucoup moins qu'on ne l'a prétendu de Liddell Hart qui l'a crédité de « la volonté de vaincre »[2]. Il est certain que Foch n'a pas accordé dans ses *Mémoires*,

1. J.F. C. Fuller, *La conduite de la guerre de 1789 à nos jours*, Payot, 1963, chap. VI-2.
2. B.-H. Liddell Hart, *Réputations*, Payot, 1931, « Le Maréchal Foch ou le symbole de la volonté de vaincre », p. 132-153, (un éloge nuancé). Du même, *La guerre mondiale racontée par un Anglais*, Payot 1932, ch. VII, « 1918 la Rupture », p. 451-479. Bien documenté, dans l'ensemble favorable à Foch.
En revanche dans *La Guerre moderne*, Nouvelle Revue Critique, 193, ch. II « L'erreur de la France » p. 37-54, critique sévère de Joffre, Castelnau, Foch pour n'avoir accordé aucune importance à la Navy et ignoré délibérément les travaux du capitaine Émile Mayer, polytech-

conceptuellement du moins, une attention suffisante à la nature du conflit, même s'il a longuement traité les conséquences stratégiques de la défection russe et de l'engagement américain.

À le lire toujours, il a considéré la guerre comme un affrontement franco-allemand et il en a fait, dans l'absolu, une confrontation entre la barbarie et la civilisation, le droit et la force. Il a passé sous silence les fondements de la rivalité anglo-allemande tout en accordant une priorité absolue à la solidarité opérationnelle franco-britannique. Il n'en a pas dit davantage sur la profondeur historique du conflit opposant les Germains, aux Russes ou les minorités slaves aux Autrichiens et aux Magyars.

De plus, ses écrits traduisent un désintérêt total pour le Blocus naval, auquel les Anglais ont accordé, à juste titre, une portée considérable. La guerre sous-marine n'a retenu son attention qu'en raison de ses conséquences sur l'arrivée des forces américaines. On constate une même indifférence pour les fronts secondaires (le front russe excepté) : les Balkans et le Proche-Orient, l'Afrique. Pour lui, à partir de 1917, tout se serait joué entre la mer du Nord et les Vosges. Les opérations extérieures ne pouvaient donner la victoire, mais seulement fixer des forces ennemies. La guerre en style indirect, chère aux Anglais, luttant depuis toujours hors de leur territoire national, ne pouvait pas être celle des Français luttant pour chasser l'envahisseur.

Foch n'aurait-il pas saisi les mutations (et pas uniquement les changements) entraînées par la Grande Guerre avec pour conséquence l'émergence de nouveaux équilibres géostratégiques ? En réponse à ces accusations, on peut rétorquer que, dans ses *Mémoires*, il s'est délibérément limité à son action effective. On peut également avancer l'hypothèse que c'est pour l'avoir trop bien compris qu'il s'est obstiné, de 1918 à 1928, dans sa lutte pour la sécurité de la France, à vouloir non seulement l'établissement d'une frontière militaire au Rhin mais aussi la reconstitution d'un système d'alliances incluant prioritairement les États-Unis.

Son anti-bolchevisme, dont il n'existe aucune trace dans ses publications mais qui a été patent, procédait-il de cette préoccupation sécuritaire ? Que sa foi chrétienne et sa conception de la société l'aient dressé contre un système matérialiste et égalitariste ne fait aucun doute. Il serait néanmoins simpliste d'occulter les faits : les bolcheviques ont abandonné la lutte en 1917, ils sont devenus les alliés potentiels de l'Allemagne en

---

nicien et artilleur, rédacteur de la rubrique militaire de la *Revue scientifique*, puis du *Temps* ainsi que ceux du capitaine Grouard, critiquant la stratégie offensive.

1922. Pour ne rien dire du Parti communiste français membre de la Troisième internationale, remettant en cause le patriotisme[1].

*

Critiques et réserves n'affaiblissent pas, pour autant, son approche raisonnée de la guerre et sa méthode pour s'y préparer et préparer ceux qui la feront car, encore une fois, l'adaptation ne signifie pas l'improvisation, tout au contraire. La guerre à préparer c'est toujours *la guerre future*, qu'il faut *étudier pour son temps, son pays, son armée*[2]. Comment ? En associant, dans un effort intellectuel permanent, les principes et les moyens, les forces morales et les forces matérielles ou, encore, en pratiquant le balancement permanent entre le permanent et le contingent, qu'appellent ses *Conférences* et qu'illustrent ses *Mémoires*.

Les principes sont de deux ordres ; les uns relèvent de la stratégie opérationnelle, les autres de la pratique du commandement. On insiste d'ordinaire sur les premiers : économie des forces, sûreté et surprise, concentration de l'effort du fort au faible, exploitation jusqu'à la destruction des forces adverses seule garante de la capitulation du pouvoir ennemi. On ne peut les dissocier des qualités qu'exige leur mise en application et qui ressortissent aussi des permanences : la juste appréciation de la situation, « De quoi s'agit-il ? » ; la rapidité dans la prise de décision ; la clarté des ordres donnés ; le suivi dynamique de l'opération pour sa relance éventuelle. Pour tout dire, la capacité d'adaptation à l'imprévu après avoir tenté de tout prévoir. Encore faut-il que soit établie la cohérence entre les objectifs opérationnels et les buts de guerre. Elle suppose la totale subordination du commandement au pouvoir[3] assortie, à tous les échelons de la hiérarchie, de l'observance stricte de la discipline intellectuelle avec pour corollaire la « liberté d'action pour obéir »[4].

Garder sa liberté de penser en toutes circonstances suppose qu'on ait appris à penser. Une exigence qui appelle à la fois l'acquisition de connaissances pratiques et l'assimilation d'une culture générale. Le programme de Foch pour la troisième année de l'École de guerre illustre cette complémentarité. D'où une démarche intellectuelle résultant d'une réflexion sur

1. *L'Humanité*, 26 août 1927, « Les Menaces de guerre contre l'U.R.S.S. Une réponse au maréchal Foch ». Allusion à une interview au journal britannique *The Referee*.
« Recevez, Monsieur le Maréchal, mon salut antimilitariste et révolutionnaire » André Marty, député de Seine-et-Oise, détenu à la Santé.
Courtoisie de M. Georges Vidal, agrégé et docteur en histoire.
2. *Des principes*, II 1.
3. Pierre Barral, *Pouvoir civil…* , *op. cit.* Charles de Gaulle, *La discorde chez l'ennemi*, 1924.
4. *Des principes…* , *op. cit.*, IV.

la (les) guerre(s) possible (s), probable (s), imminente (s), en cours. Elle suppose un questionnement type mis en situation : Défendre quoi ? Contre qui ? Avec quoi et comment ?

Défendre quoi ? Au cours de la Deuxième Guerre mondiale, les Américains ont répondu par un film *Pourquoi nous nous battons*. Les divers livres blancs français n'ont pas ignoré l'impact des motivations. On se bat pour défendre des valeurs morales et des intérêts matériels. À la défense de la patrie, de ses principes fondateurs, de son droit à l'existence souveraine, s'ajoute, au dire de Foch, le devoir d'opposer le droit à la force. Le XXIe siècle transpose : droits de l'homme, devoir d'ingérence.

S'en déduisent les notions complémentaires de menace(s) et d'ennemi(s) qu'on ne doit ni confondre, ni dissocier ; l'un matérialise l'autre. Toutefois c'est la nature de la menace qui fait l'ennemi et non l'ennemi qui crée la menace ; la notion d'ennemi héréditaire (la Maison d'Autriche) a conduit à bien des contresens. En complément, l'identification de l'ennemi induit celle de l'allié, partageant les mêmes valeurs et les mêmes intérêts … du moins jusqu'à ce que la victoire fasse apparaître ou réapparaître des divergences initiales. Un phénomène qu'accentuent les guerres de coalition.

Se battre avec quoi ? La guerre se caractérise par l'affrontement d'hommes armés. D'où l'interrogation, qu'on peut démultiplier à l'infini ou presque, sur les ressources humaines et les moyens matériels car ce ne sont pas des individus qui se battent mais des armées ou encore des forces constituées. Il s'agit là de deux données interactives. Foch l'exprime clairement lorsqu'il pose le rapport artillerie-infanterie. De la puissance des moyens dépend l'économie des vies, ce qui induit les exigences d'innovation et de production, sous-tendues par le niveau, acceptable ou accepté, des coûts.

Se battre comment ? On en revient, par une progression méthodique, aux principes et à leur application raisonnée, en situation : les buts de guerre induisent les objectifs opérationnels dont l'acquisition dépend des moyens humains et matériels mis à la disposition du commandement responsable de leur engagement. Seule compte la finalité et non les modalités de « l'acte de guerre ». La dissuasion donne la victoire tout autant que la bataille sous une seule réserve absolue : elle suppose la résolution d'employer la force si la montrer ne suffit pas et la constance à en persuader l'adversaire. Ce qui est aussi vrai dans « la dissuasion du faible au fort » que dans le face à face entre une compagnie isolée et une bande d'irréguliers armés. Encore et toujours la conjugaison des forces morales et matérielles, selon la démonstration de Foch qui, pour n'avoir pas été neuve, n'en fut pas moins magistrale.

ANNEXES

AVANT DE LIRE FOCH

L'*INTRODUCTION* à l'ouvrage de Foch, *Des principes de la Guerre*, publié par l'Imprimerie Nationale en 1996, était assortie d'Annexes destinées à placer cette présentation en situation. Il m'a paru utile, dans le même esprit, de les reproduire à la suite cet essai invitant à relire l'œuvre complète du maréchal sans correction ni complément. L'attention du lecteur doit cependant être attirée sur de nouvelles parutions de ses deux ouvrages de doctrine récemment remis à la dispositon du public par les éditions Economica (*De la conduite de la guerre*, 2000 ; *Des principes de la guerre*, 2007).

Les schémas proposés ont été établis sur la suggestion de Monsieur l'ingénieur général de l'armement Jacques Frayssac (CR) alors directeur du Bureau prospective à long terme de la DGA-Terre. Ils doivent beaucoup aux observations des professeurs Francis Courtès et Georges Devallet et des colonels Pierre Carles et Claude Hesse d'Alzon (†). Résultant de la lecture de Foch et tendant à la faciliter, ils présentent, non sans présentation abusive, un caractère de rétroaction.

PENSÉE ET DOCTRINE

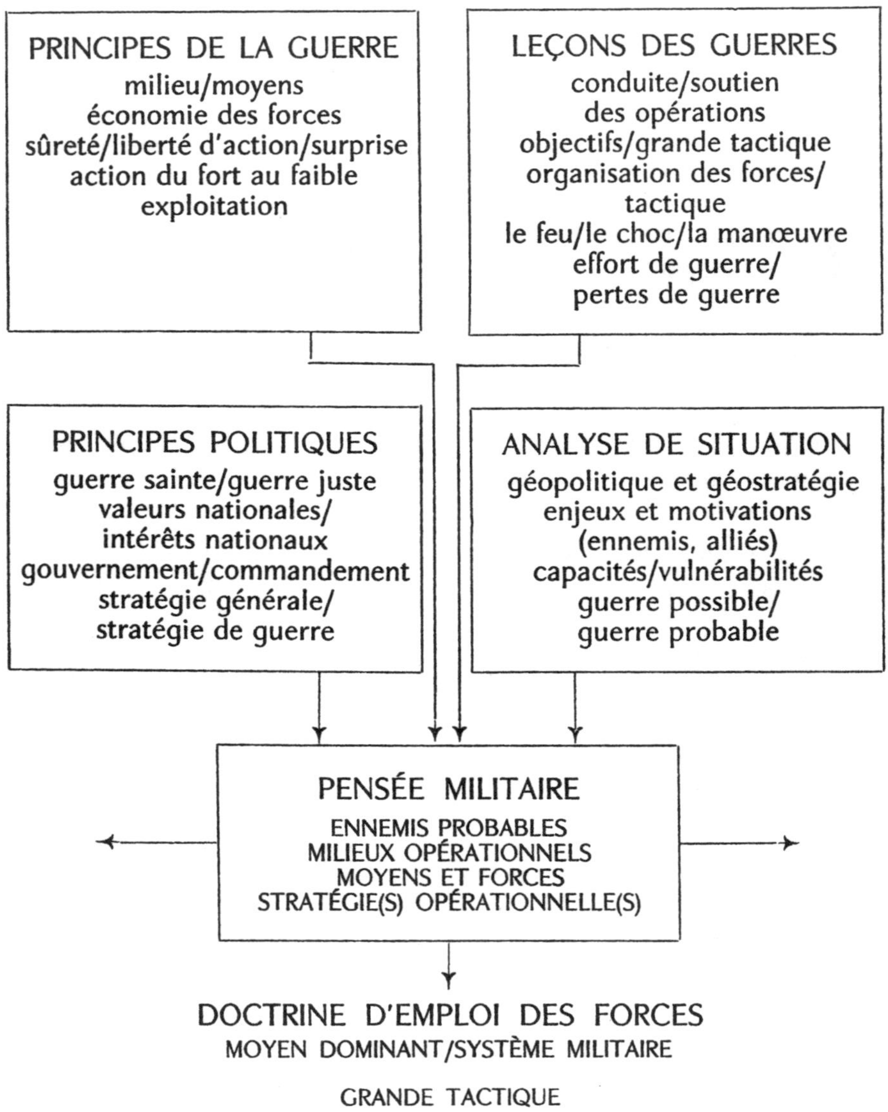

DE LA PENSÉE À L'ACTION
LE CHEMINEMENT

Démarches	Étapes	Exigences
	RECHERCHE	
conception →	PENSÉE MILITAIRE ←	*pertinence*
élaboration →	DOCTRINE ←	*cohérence*
formulation →	RÈGLEMENTS ← DIRECTIVES D'EMPLOI INSTRUCTIONS	*rigueur*
	DIDACTIQUE	
formation.........	ENSEIGNEMENT ← (supérieur d'état-major)	*méthode*
	INSTRUCTION ← (technique, tactique)	*clarté*
	ENTRAÎNEMENT ← (exercices, manœuvres)	*réalisme*
	ACTION	
épreuve →	mise en œuvre ← (opérations, batailles)	*maîtrise*

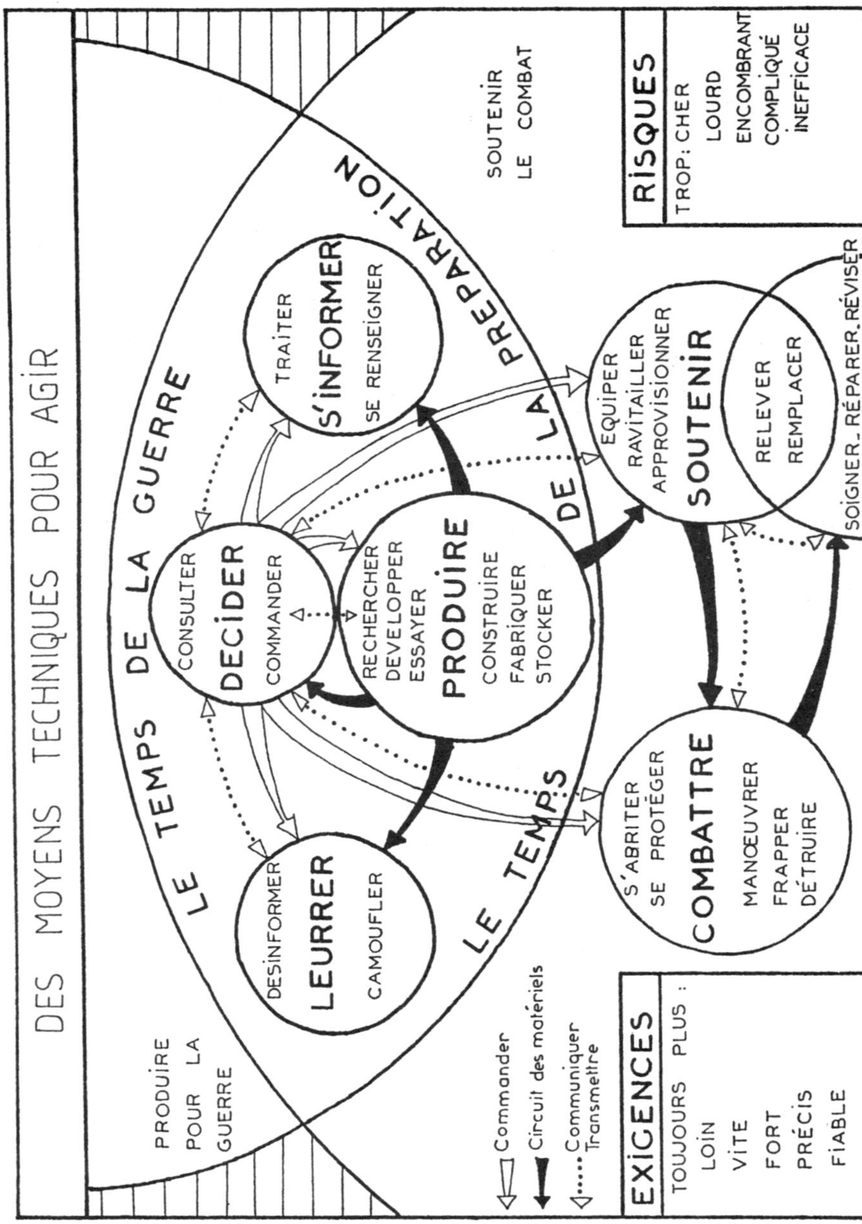
DES MOYENS TECHNIQUES POUR AGIR
PRODUIRE POUR LA GUERRE
SOUTENIR LE COMBAT
LE TEMPS DE LA GUERRE
LE TEMPS DE LA PRÉPARATION
DÉSINFORMER
LEURRER
CAMOUFLER
CONSULTER
DECIDER
COMMANDER
TRAITER
S'INFORMER
SE RENSEIGNER
RECHERCHER
DEVELOPPER
ESSAYER
PRODUIRE
CONSTRUIRE
FABRIQUER
STOCKER
EQUIPER
RAVITAILLER
APPROVISIONNER
SOUTENIR
RELEVER
REMPLACER
SOIGNER_RÉPARER_RÉVISER
S'ABRITER
SE PROTÉGER
COMBATTRE
MANŒUVRER
FRAPPER
DÉTRUIRE
Commander
Circuit des matériels
Communiquer
Transmettre
EXIGENCES
TOUJOURS PLUS :
LOIN
VITE
FORT
PRÉCIS
FIABLE
RISQUES
TROP: CHER
LOURD
ENCOMBRANT
COMPLIQUÉ
INEFFICACE

INTERACTIONS

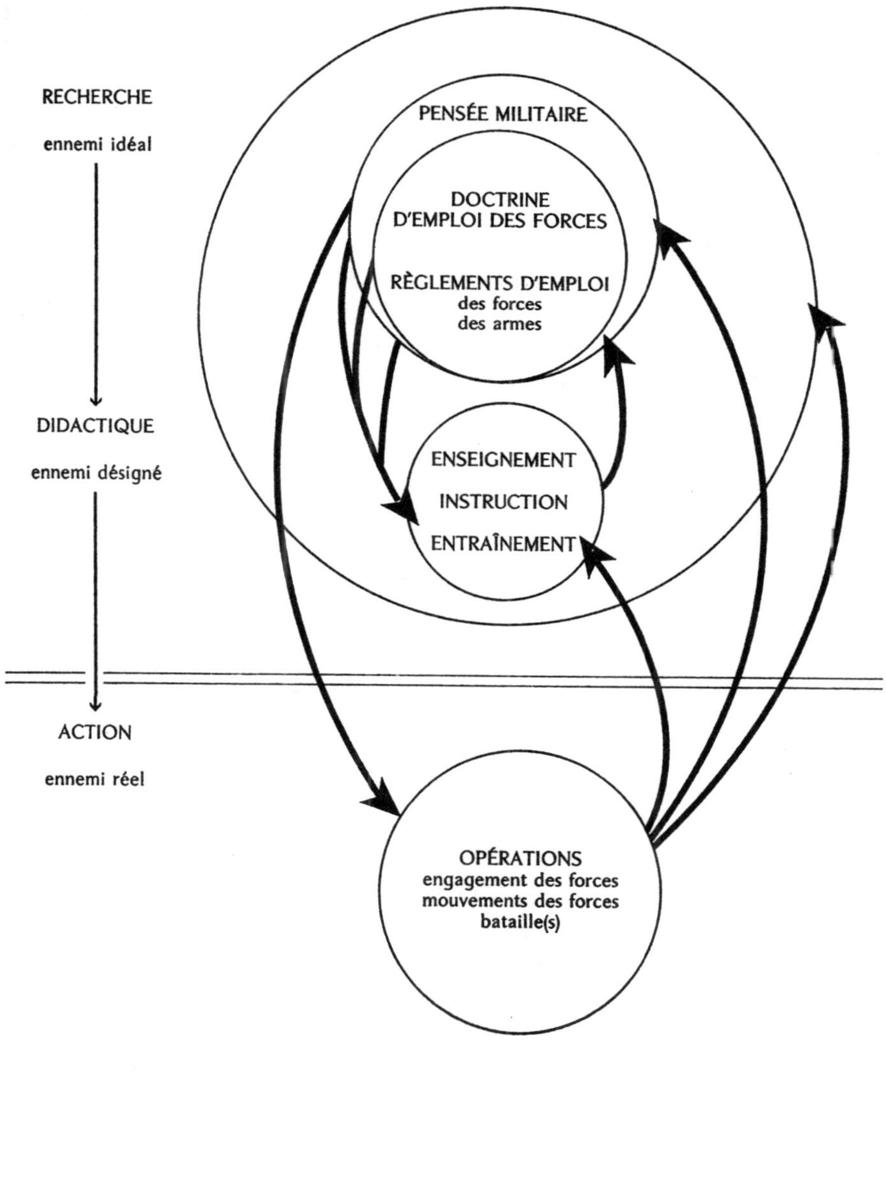

1871-1914 : LA PENSÉE ET LA DOCTRINE

LA PENSÉE militaire française de 1871 à 1914, stimulée par la défaite subie, connaît un renouveau comparable à celui des années qui avaient suivi la guerre de Sept Ans. Les ouvrages retenus ont pour intérêt d'émaner de professeurs puis, de plus en plus au début du XXe siècle, d'anciens élèves de l'École supérieure de guerre. Il serait souhaitable de les confronter aux cours de ces mêmes auteurs, pour la plupart conservés à l'École militaire. Il convient de se souvenir que les Français disposent depuis le milieu du XIXe siècle de :

Clausewitz (général Carl von), *De la Guerre*, Paris, Corréard, 1849-1851, 3 volumes (trad. major Neuens).

Une nouvelle traduction (colonel de Vatry) est présentée par Baudoin, 1886-1887, 3 volumes, alors que Foch est élève à l'ESG.

Les officiers peuvent lire, entre autres revues :

Journal des Sciences militaires des armées de terre et de mer (1825-1914) ;

Le spectateur militaire (1826-1914) ;

Revue militaire des armées étrangères (variations de titres de 1871 à 1914) ;

Carnet de la Sabretache (1893...) ;

Revue d'histoire rédigée à l'état-major de l'Armée (1899-1914) ;

Revue militaire générale (1907).

Chaque arme possède sa revue... et le plus souvent son propre annuaire complétant l'*Annuaire de l'Armée française* (1873...) qui permettent de connaître le nom, l'ancienneté de grade, l'origine militaire, l'affectation de tous les officiers, la composition des états-majors, directions et services, l'implantation des formations du corps d'armée au régiment.

Il n'était pas possible de citer et encore moins de reproduire tous les « règlements » et « instructions » qui transposent ces réflexions et propositions en règles impératives d'application aux différents échelons de chaque arme et au niveau de l'armée.

POUR SITUER LES ÉCRITS DE FOCH

AFIN d'assurer le suivi du cheminement de la pensée militaire française, le classement des études les plus significatives de ce temps est proposé dans l'ordre chronologique, d'après le *Guide bibliographique sommaire d'histoire militaire et coloniale française* publié par le Service historique de l'armée de terre (Paris, Imprimerie nationale, 1969), qui donne toutes les indications bibliographiques non présentées ici. Sauf précision contraire, les ouvrages et plaquettes cités ont été publiés à Paris. Quelques titres ont été relevés dans Carrias (colonel E.), *La pensée militaire française*, PUF, 1960.

Sauf omissions toujours possibles,

** signale les auteurs professeurs à l'ESG (ant. 1913).

* signale les auteurs anciens stagiaires à l'ESG.

+ signale les auteurs anciens stagiaires et auditeurs de Foch.

On notera l'emploi des majuscules dans certains titres de ce temps.

** Lewal (colonel J.-L.), *La réforme de l'armée*, 1871.

Wimpffen (général de), *La Nation Armée*, 1876.

Hardy de Périni (général H.), *Origines de la tactique française*, 1879-1881.

Ardant du Picq (colonel Ch.), *Études sur le combat*, 1880.

Berthaut (général J.-A.), *Principes de stratégie*, 1881.

** Derrécagaix (général V.), *La guerre moderne*, 1885.

Clausewitz (général Carl von), *De la Guerre*, 1886-1887 (trad.).

Thoumas (général Ch.-A.), *Les Transformations de l'armée française, Essais d'histoire et de critique sur l'état militaire de la France*, 1887.

Pinet (G.), *Histoire de l'École polytechnique*, 1887.

** Maillard (général), *Étude des combats dans la bataille de Saint-Privat*, 1889.

Pierron (général), *Comment s'est formé le génie militaire de Napoléon Ier*, 1889.

Gilbert (capitaine G.), *Essais de critique militaire*, 1890.

** Lewal (général J.-L.), *Le maréchal de Moltke, organisateur et stratège*, 1891.

** Maillard (général), *Éléments de la guerre*, 1891.

Hennet (L.), *Notices historiques sur l'état-major général*, 1892.

** Langlois (général H.), *L'Artillerie de campagne en liaison avec les autres armes*, 1892.

** Pierron (général E.), *La Défense des frontières de la France*, 1892.

** Lewal (général J.-L.), *Stratégie de marche*, 1893.

** Lewal (général J.-L.), *Contre le service de deux ans*, 1895.

Woyde (lieutenant-général de), *De l'initiative des chefs en sous-ordre à la guerre*, 1895.

** Lewal (général J.-L.), *Stratégie de combat*, 1895-1896.

Romagny (colonel Ch.), *Campagnes d'un siècle (1792-1871)*, 1895-1902 (26 vol.).

* Picard (commandant), *La nouvelle tactique allemande*, 1896.

Dragomirov (général), Guerre et Paix *de Tolstoï au point de vue militaire*, 1896.

** Lewal (général J.-L.), *Le danger des milices*, 1898.

Dictionnaire militaire. Encyclopédie des sciences militaires rédigée par un comité d'officiers de toutes armes, 2 vol., 1899-1910.

** Bonnal (général H.), *Sadowa, étude de stratégie et de tactique générale*, 1901.

** Bonnal (général H.), *De la Méthode dans les hautes études militaires en Allemagne et en France*, 1902 (extrait de *Minerva*).

Négrier (général de), « Sur les nouvelles tendances de l'armée allemande », dans *Revue des Deux Mondes*, sept. 1901, juin et déc. 1902, jan. 1903, fév. 1904.

Gilbert (capitaine G.), *La guerre sud-africaine*, 1902.

Kessler (général Ch.), *Tactique des trois armes*, 1902.

** Bonnal (général H.), *La Récente guerre sud-africaine et ses enseignements*, 1903.

** Foch (lieutenant-colonel F.), *Des Principes de la guerre*, 1903 (rééd., 1906, 1911, 1917, 1919).

** Ruffey, *L'attaque décisive*, 1903.

** Langlois (général H.), *Conséquences tactiques des progrès de l'armement, Étude sur le terrain*, 1903.

** Cardot (général L.), *Essais sur la doctrine*, 1903.

** Foch (lieutenant-colonel F.), *De la Conduite de la guerre. La manœuvre pour la Bataille*, 1904 (rééd., 1909, 1915, 1918).

** Bonnal (général H.), *L'Art nouveau en tactique*, 1904.

** Bonnal (général H.), *La manœuvre de Saint-Privat*, 1904.

** Bonnal (général H.), *Les pseudo-tendances nouvelles de l'armée allemande*, 1904.

** Lanrezac (général), *La manœuvre de Lützen (1813)*, 1904.

Serrigny (général B.), *La Guerre et le mouvement économique. Leurs relations et leurs actions réciproques*, 1905.

+ Gamelin (capitaine M.-G.), *Étude philosophique sur l'art de la guerre*, 1906.

* Grandmaison (L. Loyzeau de), *Dressage de l'infanterie en vue du combat offensif*, 1906.

** Langlois (général), *Enseignement de deux guerres récentes*, s. d.

Klotz (L.-L.), *L'Armée en 1906. Considérations générales à propos du budget de la guerre*, 1906.

Driant (lieutenant-colonel É.), *Vers un nouveau Sedan*, 1906.

Palat (colonel), *La stratégie de Moltke en 1870*, 1907.

Caemmerer (général von), *L'Évolution de la stratégie au XIXe siècle*, trad. fr., 1907.

Humbert (général Ch.), *L'Armée. Sommes-nous défendus ?*, 1907.

** Maistre (général), *Spicheren (6 août 1870)*, 1908, préface du général Langlois.

** Rousset (lieutenant-colonel), *Le haut commandement des armées allemandes en 1870*, 1908.

* Culmann (capitaine F.), *Deux tactiques en présence*, 1908.

** Cardot (général), *Hérésies et apostasies militaires de notre temps*, 1908.

Serrigny (général B.), *Les conséquences économiques et sociales de la prochaine guerre, d'après les enseignements des campagnes de 1870-1871 et de 1904-1905*, 1909.

Percin (général), *La liaison des armes*, 1909.

Silvestre (général F.), *Observations à propos du règlement du 22-3-1908*, 1909.

Jaurès (Jean), *L'Armée nouvelle*, 1911.

Maitrot (général Ch.-A.), *Nos frontières de l'Est et du Nord ; le service de deux ans et sa répercussion sur la défense*, 1912. (3e éd. 1915.)

** Paloque (lieutenant-colonel), *Artillerie de campagne*, 1909.

Palat (général), *Études de tactique appliquée. Le combat de toutes armes*, 1909.

* Becker (capitaine G.), *Vers la Bataille. Réunion des forces. Évolutions stratégiques*, 1910.

* Grandmaison (L. Loyzeau de), *Deux conférences faites aux officiers de l'état-major de l'armée (février 1911). La notion de sûreté et l'engagement des grandes unités*, 1911.

Buat (général É.), *L'Artillerie de campagne. Son histoire, son évolution, son état actuel*, 1911.

* Colin (général J.), *Les Transformations de la guerre*, 1911.

+ Boucher (colonel A.), *La France victorieuse dans la guerre de demain. Étude stratégique...*, 1911 et 1914.

** Paloque (général H.-J.), *L'Artillerie dans la bataille*, 1912.

** Fayolle (M.-L.), *Concentration des feux et concentration des moyens*, 1912.

Percin (général), *L'Artillerie au combat ; révision du règlement de manœuvre*, 1912.

* Laure (lieutenant É., pseudo Henri-René), *L'offensive française*, 1912.

Grouard (lieutenant-colonel A.-A.), *France et Allemagne, la guerre éventuelle*, 1913.

** Raguenau (lieutenant-colonel C.-M.), *Les Études militaires en France et la préparation du haut commandement*, 1913.

Montaigne (lieutenant-colonel), *Vaincre, esquisse d'une doctrine de la guerre, basée sur la connaissance de l'Homme et sur la Morale*, 1913.

Kessler (général), *La Guerre*, 1913, 2e éd.

* Laure (capitaine É., pseudo Henri-René), *Le Problème de la bataille dans le domaine tactique*, 1914.

Mordacq (général H.), *La guerre au XXe siècle, essais stratégiques*, 1914.

* Alléhaut (capitaine E.), *Essai sur la bataille*, 1914.

+ Culmann (commandant), *La Couverture*, 1914.

Daille (capitaine), *Essai sur la stratégie allemande*, 1914.

LA DOCTRINE OFFICIELLE EN 1913

La doctrine officielle à la veille de la Grande Guerre figure dans le décret du 28 octobre 1913, portant règlement sur la conduite des grandes unités, au chapitre « Généralités sur la conduite de la guerre ». Rigoureusement conçu et vigoureusement rédigé, mieux vaut en citer les passages les plus significatifs que l'affadir en le paraphrasant. Il est permis cependant d'en rehausser l'organisation par des titres (en italique) dégageant les niveaux de décision, les principes de stratégie générale et les règles d'emploi des forces. Tout l'enseignement de Foch s'y retrouve, avalisé par le Conseil supérieur de la guerre. Mais comment distinguer l'apport de Foch, dont le vocabulaire et le style imprègnent ce document, de ce qu'il doit à « l'air du temps » ?

Des buts et de la conduite de la guerre

« 1. Le gouvernement qui assume la charge des intérêts vitaux du pays a seul qualité pour fixer le but politique de la guerre.

« Si la lutte s'étend à plusieurs frontières, il désigne l'adversaire principal... Il répartit en conséquence les moyens d'actions et les ressources de toute nature, et les met à l'entière disposition des généraux chargés du commandement en chef sur les divers théâtres d'opérations. »

De la stratégie opérationnelle : la bataille décisive

« 2. Les opérations militaires visent l'anéantissement des forces organisées de l'ennemi.

« 3. Dans la forme actuelle de la guerre, l'importance des masses mises en œuvre, les difficultés de leur réapprovisionnement, l'interruption de la vie sociale et économique du pays, tout incite à rechercher une décision dans le plus bref délai possible, en vue de terminer promptement la lutte.

« 4. La bataille décisive, exploitée à fond, est le seul moyen de faire plier la volonté de l'adversaire par la destruction de ses armées. Elle constitue l'acte essentiel de la guerre. La conquête d'une portion de territoire, la prise de forteresses ne peuvent conduire au résultat définitif.

« Les combinaisons stratégiques ont donc pour objet, avant tout, de contraindre l'ennemi à accepter la bataille. Elles tendent ensuite à lui imposer les conditions de la rencontre, de manière à préparer et à faciliter non seulement la victoire tactique, mais encore une exploitation de la victoire qui soit féconde en résultats ».

La conduite de la bataille : le choc

« 5. Pour vaincre, il faut rompre par la force le dispositif de combat de l'adversaire. Cette rupture exige des attaques poussées jusqu'au bout, sans arrière-pensée ; elle ne peut être obtenue qu'au prix de sacrifices sanglants. Toute autre conception doit être rejetée comme contraire à la nature même de la guerre.

« Si habilement qu'elle soit conçue, une manœuvre prépare mais n'assure pas la victoire. »

De l'ascendant par l'initiative

« 6. L'offensive seule conduit à des résultats positifs.

« Les succès à la guerre ont toujours été remportés par les généraux qui ont voulu et cherché la bataille ; ceux qui l'ont subie ont toujours été vaincus.

« En prenant l'initiative des opérations, on fait naître les événements au lieu de les subir. Un commandant en chef énergique, ayant confiance en soi, en ses subordonnés, en ses troupes, ne laissera jamais à son adversaire la priorité de l'action, sous prétexte d'attendre des renseignements plus précis. Il imprimera aux opérations, dès le début de la guerre, un tel caractère de violence et d'acharnement que l'ennemi, frappé dans son moral et paralysé dans son action, se verra réduit, peut-être, à rester sur la défensive.

« En présence d'un adversaire ayant pris l'initiative des opérations, c'est encore par une contre-offensive énergique et violente qu'il sera possible de donner à la lutte une tournure favorable.

« Dans tous les cas, les premiers combats ont une grande importance... »

De l'économie des forces : la conception d'ensemble

« 7. Pour livrer la lutte suprême qui décide du sort de la guerre, et dont l'avenir de la nation est l'enjeu, on ne saurait disposer de trop de forces [...]

la bataille générale sera la résultante de batailles d'armées [...] se rattachant toutes à une même conception d'ensemble. La participation de la totalité des forces à la bataille générale pourra être considérée comme acquise si toutes les armées sont en mesure de concourir à la réalisation de cette conception, avec tous leurs moyens, dans les conditions de temps et d'espace déterminées par le commandant en chef. »

Des forces morales : la volonté

« 8. Les batailles sont surtout des luttes morales. La défaite est inévitable dès que cesse l'espoir de vaincre. Le succès revient donc, non pas à celui qui a subi le moins de pertes, mais à celui dont la volonté est la plus ferme et dont le moral est le plus fortement trempé...

« Les réserves ne sont pas destinées à limiter l'insuccès, mais à agir offensivement pour gagner la bataille.

« Un chef méconnaît son devoir qui, dans la bataille décisive, renonce à la lutte avant d'avoir épuisé tous les moyens dont il dispose.

« 9. Après la victoire, une poursuite sans trêve ni merci, exploitant toutes les énergies jusqu'à leurs dernières limites, doit assurer la complète destruction des forces matérielles et morales de l'ennemi.

« Il faut mettre, à tout prix, l'adversaire dans l'impossibilité de recouvrer une cohésion suffisante pour affronter à nouveau la lutte. Une seule bataille suffira peut-être pour décider du sort de la guerre. »

ORIENTATION BIBLIOGRAPHIQUE

DANS LA LOGIQUE d'une présentation thématique, seuls les titres permettant de replacer Foch dans son temps ont été retenus, à l'exclusion des études relatives à la Grande Guerre pour lesquelles on pourra se reporter à :

Guy Pedroncini, *Histoire militaire de la France*, t. 3, de 1871 à 1940, PUF, 1992.

Les écrits de Foch

Outre ses deux ouvrages de doctrine, cités précédemment, et qui connurent au total neuf éditions (la dernière en 1974, toujours chez Berger-Levrault), Foch a publié :

Mémoires pour servir à l'histoire de la guerre, Plon, 1931, 2 vol., rééd. 1949.

On lui doit aussi des discours (dont *Éloge de Napoléon prononcé le 5 mai 1921 devant le tombeau de l'Empereur*, Berger-Levrault, 1921), ainsi que de nombreuses préfaces ou introductions (20 répertoriées à la BN), parmi lesquelles un avant-propos à :

Doumenc (commandant, A.), *Les transports automobiles sur le front français, 1914-1918*, Plon, 1920.

Quelques biographies

L'ordre chronologique permet de distinguer les études publiées du vivant de Foch (avant 1929), celles qui suivent immédiatement sa mort (1929), les travaux ultérieurs. Les hommes d'État et chefs militaires, français et étrangers, ayant assumé des responsabilités pendant la Grande Guerre, lui accordent tous une large place dans leurs *Mémoires*. Les quotidiens, hebdomadaires et autres revues proposent des notices biographiques au moment de ses obsèques. Les dictionnaires fournissent d'utiles raccourcis. Les discours de réception et éloges prononcés à l'Académie française méritent une attention particulière.

Recouly (Raymond), *Foch, vainqueur de la guerre*, 1919.

Grasset (commandant A.), *Préceptes et jugements du maréchal Foch, extraits de ses œuvres, précédés d'une étude sur la vie militaire du maréchal*, Berger-Levrault, 1919.

Bugnet (commandant Charles), *En écoutant le Maréchal Foch*, Les Cahiers Verts, 1929.

Michel (Paul-Henry), *La Vie et l'œuvre du maréchal Foch. Essai bibliographique*, A. Costes, 1929. Extrait de la *Revue d'histoire de la Guerre mondiale*, avril 1929.

Palat (général Barthélémy-Ed.), *La Part de Foch dans la victoire*, Lavauzelle, 1930.

Villate (R.), *Foch à la Marne*, 1933.

Lhopital (commandant), *Foch, l'armistice et la paix*, 1938.

Weygand (général Maxime), et Mierry (général de), *Foch*, 1951.

Weygand (général Maxime), *Foch*, Flammarion, 1947 et 1953.

Autin (Jean), *Foch ou le triomphe de la volonté*, Perrin, 1987.

Institut de France, Académie française, *Discours prononcés dans la séance publique tenue par l'Académie française pour la réception de M. le maréchal Foch, le 5 février 1920*, Firmin-Didot, MCMXX (maréchal Foch, éloge de M. le marquis de Voguë ; « Réponse de M. Raymond Poincaré, membre de l'Académie française, au discours de M. le Maréchal Foch »).

Institut de France, Académie française, *Discours prononcés dans la séance publique tenue par l'Académie française pour la réception de M. le maréchal Pétain, le jeudi 22 janvier 1931*, Firmin-Didot, MCMXXXI (maréchal Pétain, éloge de M. le maréchal Foch ; « Réponse de Paul Valéry, directeur de l'Académie française au discours de M. le Maréchal Pétain »).

Ouvrages d'historiens combattants

Seules les études générales portant sur les années 1871-1914 ont été retenues (à l'exception de É.-G. Léonard, qui fut mon premier maître) ; la date indiquée est celle de la première édition. Ce qui peut paraître injuste à l'égard des historiens d'autres périodes. On ne saurait oublier que la quasi-totalité des auteurs de l'entre-deux-guerres sont des anciens combattants. J. Isaac prend la suite de A. Malet mort au combat à la tête d'une collection de manuels toujours réédités.

Baumont (Maurice), *L'essor industriel et l'impérialisme colonial (1878-1904)*, « Peuples et civilisations », vol. XVIII, 1937.

Contamine (Henry), *9 septembre 1914, La Victoire de la Marne*, « Trente journées qui ont fait la France », Gallimard, 1970.

Isaac (Jules), *Joffre et Lanrezac*, E. Chiron, 1922.

Léonard (Émile-G.), *L'Armée et ses problèmes au XVIIIe siècle*, Plon, 1958.

Renouvin (Pierre), *La crise européenne et la Première Guerre mondiale*, « Peuples et civilisations », vol. XIX, PUF, 1934.

Renouvin (Pierre), *11 Novembre 1918, l'Armistice de Rethondes*, « Trente journées qui ont fait la France », Gallimard, 1968.

Mémoires et témoignages

Clemenceau (Georges), *Grandeurs et misères d'une victoire*, Plon, 1930.

Fayolle (maréchal), *Cahiers secrets de la Grande Guerre* (présentés et annotés par Henry Contamine), Plon, 1964.

Mordacq (général H.), *La Vérité sur le commandement unique*, Albert, 1934.

Joffre (maréchal), *Mémoires*, 1931, Plon, 2 volumes.

Poincaré (Raymond), *Au service de la France. Neuf années de souvenirs*, Plon, 11 vol., 1926-1933.

Weygand (général), *Mémoires*, I, « Idéal vécu », Flammarion, 1953. II, « Mirages et réalité », *id.*, 1957.

Centenaire de l'École supérieure de guerre (1876-1976)

Sous ce titre, la Direction de l'enseignement militaire supérieur de l'armée de terre (général Arnaud de Foïard) et l'École supérieure de guerre (général André Laurier) ont publié en 1976 les *Actes du colloque* tenu à l'École militaire les 13 et 14 mai 1976, sous le patronage de M. Yvon Bourges, ministre de la Défense, et sous la direction scientifique du général d'armée F. Gambiez, membre de l'Institut. Les séances ont été présidées par le professeur André Martel, président de l'université Paul-Valéry (Montpellier III), le professeur Jean-Baptiste Duroselle, membre de l'Institut, le général de corps d'armée Guinard, chef du Service historique de l'armée de terre.

La première séance a entendu les communications suivantes :

colonel Pierre Lesouef, « La création de l'École supérieure de guerre et sa double mission » ;

chef d'escadron Pierre Gourmen, « Lewal, Bonnal et Maillard, leur influence sur la doctrine militaire française » ;

Raymond Aron, « La découverte de Clausewitz dans l'enseignement militaire français aux alentours de 1880 » ;

colonel Pierre Rocolle, « Maîtres et disciples avant la Première Guerre mondiale » ;

Jean Guitton, « La pensée et la guerre chez Foch » ;

Gérard Bieuville, « L'instruction des officiers de réserve du Service d'état-major entre 1899 et 1913... » ;

Jean Doise, « Les rideaux défensifs dans l'œuvre de Séré de Rivières » ;

Jean-Luc Kieffer, « Quelques conséquences de la guerre russojaponaise de 1904-1905 sur l'enseignement de l'École supérieure de guerre... » ;

Georges Merlier, « Mentalités et comportements des brevetés avant 1914 » ;

colonel J. Defrasne, « Une troisième année d'études à l'École supérieure de guerre » ;

Raoul Girardet, « L'enseignement de l'histoire à l'École supérieure de guerre de 1876 à 1939 » ;

Guy Pedroncini, « Pétain et la naissance de l'idée d'une ligne fortifiée ».

La présentation de « Foch avant Foch » doit beaucoup à cette séance et aux communications présentées.

L'armée française dans la longue durée

Carrias (colonel Eugène), *La pensée militaire française*, PUF, 1960.

Charnay (Jean-Paul), *Société militaire et suffrage politique en France depuis 1789*, SEVDN, 1964.

Chassin (général L.-M.), *Anthologie des classiques militaires français*, Lavauzelle, 1950 (« Foch », p. 235-266).

Corvisier (André) [sous la dir. de], *Dictionnaire d'art et d'histoire militaire*, PUF, 1988.

Corvisier (André) [sous la dir. de), *Histoire militaire de la France*, 4 tomes, PUF, 1992-1994.

Gaulle (colonel Charles de), *La France et son armée*, Plon, 1938.

Corvisier (André), *La Guerre, Essais historiques*, PUF, 1995.

Juin (maréchal Alphonse), *Trois siècles d'obéissance militaire (1650-1963)*, Plon, 1964.

Lombarès (Michel de) *et al., Histoire de l'artillerie française*, Lavauzelle, 1984.

Montheillet (Jean), *Les Institutions militaires de la France (1814-1924)*, F. Alcan, 1932.

Revol (colonel Jacques), *Histoire de l'armée française*, Larousse, 1929.

Rocolle (colonel Pierre), *2000 ans de fortifications françaises*, Lavauzelle, 1972.

Weygand (général Maxime), *Histoire de l'Armée française*, Flammarion, 1938.

Société militaire et pouvoir politique au XIXe siècle

Callot (Jean-Pierre), *Histoire de l'École polytechnique*, Stock, 1975. JFC.

Caron (François), *La France des patriotes de 1851 à 1918*, « Histoire de France », t. 5, Fayard, 1985.

Delmas (Jean), « La guerre imaginée par les cinq grands états-majors », in Becker (A.) *et alii, Guerre et culture, 1914-1918*, A. Colin, 1994.

Doise (Jean) et Vaïsse (Maurice), *Diplomatie et outil militaire (1871-1969)*, « Politique étrangère de la France contemporaine », Imprimerie nationale, 1987.

Fuller, (major-général J.-F.-C.), *La conduite de la guerre de 1789 à nos jours*, Payot, 1963.

Girardet (Raoul), *La société militaire dans la France contemporaine, 1815-1939*, 1953.

Guiral (Pierre), *Clemenceau et son temps*, Grasset, 1994.

Ornano (Roland d'), *Gouvernement et haut commandement en régime parlementaire français, 1814-1914*, La Pensée Universitaire, 1958.

Rabaut (J.), *L'antimilitarisme en France, 1810-1975*, Hachette, 1975.

Serman (Serge-William), *Les officiers français dans la nation, 1848-1914*, Aubier-Montaigne, 1982.

La revanche

Contamine (Henry), *La Revanche, 1871-1914*, Berger-Levrault, 1957.

Girardet (Raoul), *Le Nationalisme français*, A. Colin, 1966.

Gugliotta (Georges), *Le général de Cissey*, à paraître.

Jauffret (Jean-Charles), *Parlement, gouvernement, commandement : l'armée de métier sous la IIIe République*, Service historique de l'armée de terre, 1987.

La Gorce (Paul-Marie de), *La République et son armée*, Fayard, 1963.
Guillen (Pierre), *L'expansion (1881-1898)*, « Politique étrangère de la France contemporaine », Imprimerie nationale, 1970.
Lombarès (Michel de), *L'affaire Dreyfus*, Lavauzelle, 1985.
Marchand (André), *Plans de concentration de 1871 à 1914*, Berger-Levrault 1926.
Pedroncini (Guy), *Vaincre la défaite, 1872-1881*, SHAT-IHCC, 1989.
Pedroncini (Guy), *Pétain, général en chef*, PUF, 1974.
Pedroncini (Guy), *Pétain, le soldat et la gloire*, Perrin, 1989.

TABLE DES MATIÈRES

Collection Stratégies & Doctrines

ARDANT DU PICQ Charles, *Études sur le combat.*

ARMÉE DE TERRE, *Les forces terrestres.*

ARMÉE DE TERRE, *Tactique générale.*

AUDROING Jean-François, *La décision stratégique.*

BECKER Cyrille, *Relire* Principes de la guerre de montagnes *du lieutenant général Pierre-Joseph de Bourcet.*

COURRÈGES Hervé (de), GIVRE Pierre-Joseph et LE NEN Nicolas, *Guerre en montagne – Hier et demain : renouveau tactique.*

DESPORTES Vincent, *La guerre probable – Penser autrement*, 2e éd.

DESPORTES Vincent, *Comprendre la guerre*, 2e éd.

DESPORTES Vincent, *Décider dans l'incertitude*, 2e éd.

DESPORTES Vincent et PHÉLIZON Jean-François, *Introduction à la stratégie.*

DURIEUX Benoît, *Relire* De la guerre *de Clausewitz.*

FOCH Ferdinand (maréchal), *Les Principes de la guerre.*

FORGET Michel, *Puissance aérienne et stratégies,* 2e éd.

FRANCART Loup, *La guerre du sens – Pourquoi et comment agir dans les champs psychologiques.*

FRANCART Loup, *Livre gris sur la sécurité et la défense.*

FRÉMEAUX Jacques, *Intervention et humanisme – Le style des armées françaises en Afrique au XIXe siècle.*

GALULA David, *Contre-insurrection – Théorie et pratique.*

GOYA Michel, *Irak – Les armées du chaos.*

GRAY Colin S., *La guerre au XXIe siècle – Encore du feu et du sang.*

GUIBERT Jacques (de), *Essai général de tactique*, 1772.

GUIBERT Jacques (de), *De la force publique.*

HAÉRI Paul, *De la guerre à la paix – Pacification et stabilisation post-conflit.*

HENROTIN Joseph, *La technologie militaire en question – Le cas américain.*

KARPOV Anatoly et PHÉLIZON Jean-François (propos recueillis par Bachar Kouatly), *Psychologie de la bataille.*

KERDELLANT Christine, *Relire* Le Prince *de Machiavel.*

LA MAISONNEUVE Éric (de), *Stratégie, crise et chaos.*

LE ROY Frédéric, *Stratégie militaire et management stratégique des entreprises.*

MARILLER Roseline, *Quelle stratégie pour l'Europe de la défense ?*

MONTROUSSIER Laurence, *Éthique et commandement.*

MOUNIER-KUHN Alain, *Chirurgie de guerre – Le cas du Moyen Âge en Occident.*

Général PALAT, *La philosophie de la guerre, d'après Clausewitz.*

PHÉLIZON Jean-François, *L'action stratégique.*

PHÉLIZON Jean-François, *Relire l'*Art de la guerre *de Sun Tzu*, nouvelle édition entièrement revue et corrigée.

PHÉLIZON Jean-François, *Trente-six stratagèmes.*

POAST Paul, *Economie de la guerre.*

ROYAL Benoît, *L'éthique du soldat français – La conviction d'humanité.*

SCIALOM Michel, *La France – Nation maritime ?*

SMITH Rupert, *L'utilité de la force – L'art de la guerre aujourd'hui.*

TISSERON Antonin, *Guerres urbaines – Nouveaux métiers, nouveaux soldats.*

TRINQUIER Roger, *La guerre moderne.*

VENDRYÈS Pierre, *De la probabilité en histoire.*

VILBOUX Nicole, *Prévention ou préemption ? – Un débat d'aujourd'hui.*

YAMANAKA Keiko, *Relire le* Traité des cinq anneaux *de Miyamoto Musashi.*

YAMANAKA Keiko, *Relire* Bushidô – L'Âme du Japon *d'Inazô Nitobe.*

YAKOVLEFF Michel, *Tactique théorique.*

Œuvres complètes

Ferdinand FOCH (1851-1929), à l'issue de sa scolarité à l'Ecole Polytechnique, choisit la carrière des armes. Professeur à l'Ecole de guerre de 1895 à 1901, il en prend le commandement en 1908. Général en 1907, il se distingue à la tête de la 9e armée et prend une part capitale dans la première victoire de la Marne. Nommé généralissime des armées alliées puis Maréchal en 1918, il est reçu à l'Académie française en 1920. Il est inhumé aux Invalides.

"Rares sont les penseurs militaires à qui les événements donnent l'opportunité de confronter personnellement leurs théories à la vérité de la guerre. Encore plus rares sont les chefs qui parviennent au sommet des responsabilités et pratiquent ces théories avec un talent tel qu'ils en construisent de remarquables victoires", extrait de la préface du Général Desportes.

SOMMAIRE

TOME 1

Préface du Général Vincent Desportes
Relire Foch au XXIe siècle, par André Martel
Les Principes de la guerre

TOME 2

De la Conduite de la guerre
Les Inédits, introduits par Guillaume Lasconjarias

TOME 3

Mémoires pour servir à l'histoire de la guerre de 1914-1918

3 tomes reliés ; 1 210 p. ; 89 € ; ISBN 978-2-7178-5650-7